Wolfgang Knape

Welterbestadt ERFURT

Auf Entdeckungstour durch die thüringische Landeshauptstadt

Schmidt BUCH

Aussicht vom Petersberg in Richtung Domplatz

4 Geschichtliches
12 Die Entdecker-Touren
13 ▶ Tour „Vom Domhügel auf den Petersberg"
14 Dom St. Marien
22 Severikirche
25 Zitadelle Petersberg
30 **Adressen • Öffnungszeiten • Tourist-Information**
31 ▶ Tour „Auf dem Weg zum Augustinerkloster"
32 Domplatz
34 Zwischen Dom und Fischmarkt: *Waidhäuser 34*
Predigerkirche 36 • Marktstraße 38 • Allerheiligenstraße 38
41 Fischmarkt: *„Zum Roten Ochsen" 43 • „Güldene Krone" 43*
„Ratskeller" 44 • „Zum Breiten Herd" 44 • Standbild 45
46 Rathaus: *Hinter dem Rathaus 48*
50 An der Krämerbrücke: *Mittelalterliche Mikwe 53*
54 Michaelisstraße: *„Zum Schwarzen Horn" 54 • Alte Synagoge 54*
„Zum Güldenen Krönbacken" 55 • Michaeliskirche 56
Collegium maius 56 • „Zur großen Arche Noae" 57
58 Augustinerkloster: *Nikolaikirchturm 63*
Johanneskirchturm 63 • Georgenburse 63
64 **Adressen • Öffnungszeiten • Galerien • Ausstellung**
65 ▶ Tour „Erkundungen rings um den Anger"
66 Der Anger
73 Kurmainzische Statthalterei
75 Barfüßerkirche
77 Schottenkirche
78 Kaisersaal
79 „Haus zum Stockfisch"
81 Großes Hospital
82 Stadtbefestigung
84 **Adressen • Öffnungszeiten • Theater • Kultur**
85 ▶ Tour „Vor der Stadt und im Umland"
86 egapark und Cyriaksburg
88 Ausflüge in die Umgebung: *Forsthaus Willrode 88*
Burg Gleichen 88 • Die Mühlburg 89 • Die Wachsenburg 89
Park und Schloss Molsdorf 89 • Wasserburg Kapellendorf 90
91 **Adressen • Öffnungszeiten**
92 ▶ Erfurt mit Kindern
96 **Straßenverzeichnis**

Geschichtliches

Im Rathaus am Fischmarkt kann man sehen, wie alles begonnen hat: Auf einem Gemälde im Festsaal fällt der heilige Bonifatius die Kult-Eiche der Heiden im Steigerwald. Demonstrativ stemmt er seinen Kreuzstab auf den Stumpf. Um ihn herum scharen sich seine Anhänger. Die Widersacher drohen aus der Ferne. Die alten Götter, so die Botschaft des Bildes, haben ihre Macht verloren. Ein neues Zeitalter bricht an!

Mit Axt und Bischofsstab

In päpstlichem Auftrag waren Bonifatius und seine Weggefährten missionierend durch das Frankenreich gezogen, zu dem seit 531 auch Thüringen gehörte. „Erphesfurt", das „schon von altersher eine Stadt der heidnischen Bauern gewesen" war, erhob er ***742 zum Bischofssitz***. Als Bonifatius Bischof von Mainz wurde, ging der Sprengel im dortigen Bistum auf. Bis 1802 bestimmten dann die Mainzer Erzbischöfe und Kurfürsten als geistliche und weltliche Herren die Geschicke der Stadt.

Erfurts Lage am Rande des geschützten Thüringer Beckens und am Kreuzweg bedeutender Handelsstraßen bot ideale Voraussetzungen für ein rasches Aufblühen. Hier trafen die berühmte „Via regia" und die Nürnberger Geleitstraße aufeinander. Die eine kam von Paris und Frankfurt und führte über Leipzig und Kiew nach Nowgorod, die andere verband die Zentren im Süden mit den Städten im Norden.

Bereits in fränkischer Zeit, die 531 mit dem Sieg von Sachsen und Franken über die Thüringer anbrach, wurde hier gehandelt. 805 empfahl Karl der Große Erfurt nachdrücklich als ***Grenzhandelsplatz*** mit den Slawen. Zu diesem Zeitpunkt existierten auf dem Petersberg schon ein Kloster und die Königspfalz. Hier wurde Heinrichs ältester Sohn Otto zum Nachfolger seines Vaters bestimmt.

Auch Otto der Große weilte mit seinem Gefolge gern in Erfurt. Gleich fünfmal lud Kaiser Friedrich I. Barbarossa zu einem Reichstag ein. In Erfurt kam es dann zu jener denkwürdigen Begegnung zwischen Kaiser und Heinrich dem Löwen. Der hatte sich in einem land- und lehensrechtlichen Streit gegen Friedrich gestellt und musste nun Abbitte leisten. Der Historienmaler Peter Janssen nahm auch diese Szene in seinen Bildzyklus zur Erfurter Geschichte auf.

Neben den weltlichen Herrschern zeigten ebenso die geistlichen ***Herren aus Mainz*** immer mal wieder Präsenz auf dem Petersberg. Sie kamen auf der „Via regia" daher, der Königsstraße, die zwischen dem Petersberg und dem benachbarten Domhügel in die Stadt führte, wo gleich zwei Furten das Überqueren der Gera begünstigten. An beiden Orten entstanden berühmte Brücken, von denen die Lehmannsbrücke die älteste, die Krämerbrücke die bekannteste und schönste ist.

Um die Jahrtausendwende war neben den Kernsiedlungen zwi-

Heinrich der Löwe unterwirft sich 1181 Barbarossa (Historiengemälde im Rathaus)

schen Petersberg und Gera-Bogen eine weitere Niederlassung am östlichen Ufer entstanden. Die schon ***1066 erwähnte Stadtumwallung*** wurde einhundert Jahre später durch eine acht Kilometer lange Ringmauer ersetzt, deren Verlauf wir uns am heutigen Juri-Gagarin-Ring vorstellen müssen und die ein rund 130 Hektar großes Areal umschloss.

Erfurt war schon im frühen Mittelalter eine wohlhabende Stadt. Und angesichts der vielen Kirchen, Klöster und Kapellen wurden Reisende nicht müde, von „Erfordia turrita!", vom „türmereichen Erfurt" zu schwärmen.

Bürger im Aufwind

Seit dem Stadtaufstand von 1283 saßen neben den Patriziern auch Vertreter der Zünfte mit am Ratstisch. 1289 unterstützte die Stadt Rudolf von Habsburg. Der wollte dem Treiben der Raubritter ein Ende bereiten. Mit Hilfe der Erfurter, die das Stadtwappen erstmals auf ihren Schilden zeigten, stellte der König ***1290 den „Thüringer Landfrieden"*** wieder her.

Das Selbstbewusstsein der Bürgerschaft wuchs. Man gab sich eine eigene Verfassung, trotzte dem Mainzer Erzbischof das eine und das andere Zugeständnis ab und erreichte dadurch eine gewisse städtische Autonomie. Als Kaiser Karl IV. den Erfurtern 1348 das Reichslehen und die Burg Kapellendorf überließ, durften sie auch Münzen prägen und an den Reichstagen teilnehmen.

Erfurts wirtschaftlich große Zeit ist mit der Waidpflanze verbunden, aus deren Blättern sich ein zum Blaufärben geeignetes Pulver herstellen lässt. Sie wurde in vielen thüringi-

Martin Luther vor der Kaufmannskirche

schen Dörfern angebaut und der Erfurter Anger avancierte zu ***Europas Waidhandelsplatz Nummer 1*** (S. 34). Bis weit ins 16. Jahrhundert hinein prägten die Waidverarbeitung und der Waidhandel das Bild und das Leben an der Gera. Und der Export des kostbaren Pulvers brachte so manche Tonne Gold ins Säckel der Stadt.

Mit der Einfuhr des billigeren Indigo endete diese segensreiche Zeit, in die auch die ***Gründung der Erfurter Universität*** im Jahre 1392 fiel. Der Ruhm dieser Alma mater verbreitete sich rasch. Zeitweise stand sie sogar in dem Ruf, die größte Universität des Heiligen Römischen Reiches zu sein. An ihr wirkten so namhafte Erneuerer des Geisteslebens wie Crotus Rubeanus, Conrad Mutianus Rufus und Eobanus Hessus. Durch sie wurde Erfurt zur Heimstatt des deutschen Humanismus (S. 56).

Auch der Mansfelder Bergmannssohn ***Martin Luther*** fühlte sich von dieser Universität angezogen. 1501 traf er siebzehnjährig in Erfurt ein. Vermutlich hätte er es zu einem tüchtigen Rechtsgelehrten gebracht. Doch auf dem Rückweg von einem Besuch im Mansfeldischen geriet der junge Student bei Stotternheim in ein schweres Gewitter. Er flehte zur heiligen Anna und kam heil in Erfurt an. Dort löste er sein zwischen zwei Einschlägen gegebenes Versprechen ein und wurde Mönch. Der „Geist von Erfurt" dürfte dazu beigetragen haben, dass Bruder Martin mit seiner Kirche später so hart ins Gericht ging und schließlich ihr Erneuerer wurde.

In Erfurt besaß Luther eine große Anhängerschaft. Sein Freund und Zellennachbar Johann Lang führte die Reformation in der Stadt ein. Ab 1530 regelte ein Vertrag das ***Nebeneinander beider Konfessionen***. Der Dom, St. Severi und sechs weitere Pfarr- und Klosterkirchen verblieben bei den Katholiken, in den anderen Gotteshäusern wurde nur noch evangelisch und in deutscher Sprache gepredigt.

„Wes das Land, des der Glaube", lautete die im Augsburger Religionsfrieden ausgehandelte Formel. Der Mainzer Erzbischof wollte den für Erfurt gefundenen Kompromiss daraufhin aushebeln. Die Bürger rebellierten, und der Bischof lenkte ein. Von da an gab es an der Erfurter Universität – einmalig im Deutschen Reich – neben dem katholischen Lehrstuhl auch einen für die evangelische Theologie.

Unter Mainzern und Franzosen

Im ***30-jährigen Krieg*** verlor Erfurt ein Drittel seiner Bevölkerung. Handel und Handwerk lagen darnieder. Dann pochten auch noch die Mainzer auf ihre alten Rechte. Aber da stellten sich die Erfurter taub. Als der Reichsherold am 28. September 1663 vorm Stadttor erschien, um die Reichsacht zu verkünden, wurde er „von der rasenden (...) bürgerschaft gar übel empfangen" und für einige Tage in Arrest genommen.

Der Streit zog sich lange hin, bis dem Erzbischof der Geduldsfaden riss. Er setzte ein großes Heer in Marsch. Fünfzehntausend Soldaten belagerten die Stadt. Am 6. Oktober 1665 zogen die kurmainzischen Truppen unter dem Geläut der Kirchenglocken in Erfurt ein. Am 12. Oktober erschien Kurfürst Johann Philipp von Schönborn. Mit Erfurts Selbstständigkeit war es endgültig vorbei, ein Statthalter wurde eingesetzt. Der Kurfürst ordnete den ***Bau der Zitadelle Petersberg*** an, um die Stadt immer im Griff zu haben.

Eine Lichtgestalt unter den kurmainzischen Statthaltern war Karl Theodor von Dalberg. Er kam 1771 nach Erfurt und bekleidete über dreißig Jahre das Amt. Dalberg machte seine Statthalterei zu einem ***geistig-kulturellen Mittelpunkt***, was Männer wie Goethe, Schiller, Humboldt oder Wieland zu schätzen wussten (S. 74).

1802 legte ein preußisch-französischer Sondervertrag fest, dass im Zuge einer territorialen Neuordnung des Heiligen Römischen Reiches Deutscher Nation auch Preußen für seine an Frankreich verlorenen linksrheinischen Besitzungen entschädigt werden sollte. Als Tauschobjekt waren neben Mühlhausen und Nordhausen auch die Stadt sowie das Landgebiet Erfurt vorgesehen. Am 21. August 1802 marschierte ein 3 500 Mann starkes Armee-Corps durch das Krämpfertor. Erfurt war jetzt preußisch. Dalberg musste gehen.

Nach der Schlacht bei Jena und Auerstedt am 17. Oktober 1806 ließen sich die Franzosen auf dem Petersberg nieder. Erfurt war jetzt „kaiserliche Domäne", in der sich ***Napoleon*** oft aufhielt. Seinen großen Auftritt hatte er anlässlich des von ihm einberufenen Fürstenkongresses im Jahre 1808. Sein Abgang hingegen war weniger spektakulär. 1813 marschierten wieder preußische Truppen in Erfurt ein und richteten ihre Kanonen auf die Festung Petersberg. Nach dem Wiener Kon-

Wappen an der Statthalterei

Ob Napoleon an seinen späteren Verbannungsorten noch mit *Erfurter Brunnenkresse* versorgt wurde, ist nicht überliefert. Fest steht jedoch, dass der Kaiser diese Köstlichkeit so sehr schätzen und lieben gelernt hatte, dass er sie im Park von Versailles in nach hiesigem Vorbild errichteten „Klingen" aussäen ließ.

gress erhielten die Preußen dann die Stadt zurück.

Johann Christian Reichart (1685-1775) hatte die Brunnenkresse kultiviert. Der Naturwissenschaftler und Jurist musste die Gärten seines kränkelnden Stiefvaters übernehmen. Dabei legte er ein Verständnis und eine gärtnerische Leidenschaft an den Tag, die selbst den alten Herrn gerührt haben sollen. Reichart verbesserte die Produktions- und Anbaumethoden, er machte zypriotischen Blumenkohl, Spargel, Spinat, Porree, Wirsing und Kopfsalat in Thüringen heimisch und verfasste nebenher ein vielbändiges Standardwerk, aus dem nachfolgende Gärtner-Generationen erheblichen Nutzen zogen (S. 87).

Johann Christian Reichart, dem die dankbare Bürgerschaft nahe der Pförtchenbrücke ein Denkmal errichtet hat, gilt als der „Vater des gewerbsmäßigen Gartenbaus". Auf ihn gehen die ***Erfurter Samenzucht*** und der Handel mit Gemüsesamen zurück. Damit begründete er eine Tradition, die bis auf den heutigen Tag in und um Erfurt fortlebt und sich mit Namen wie etwa N. L. Chrestensen verbindet.

Im 19. Jahrhundert kam es zur Gründung zahlreicher Gartenbaubetriebe außerhalb der Stadtbefestigung. Die ***Gebrüder Born*** stellten in ihrer Samenhandlung Essig, Sprit und einen Senf her, auf den bis heute kein echter Erfurter lange verzichten kann (S. 76).

Seit 1847 hielt die Eisenbahn in der Stadt. Kleinstbetriebe entstanden, Reparaturwerkstätten für Lokomotiven und Waggons. Von einem wirklichen Aufschwung war Erfurt aber weit entfernt. Wie ein Korsett schnürte der Festungsgürtel die Stadt ein. Die Reichsgründung schuf Abhilfe. 1873 kam es zur „Entfestung" (S. 82). In rasantem Tempo entwickelte sich Erfurt zum ***industriellen Mittelpunkt Thüringens***. Im Oktober 1891 tagten die Sozialdemokraten im „Kaiser-Saal". Unter dem Vorsitz von August Bebel verabschiedeten sie ihr „Erfurter Programm" (S. 78). 1906 wurde Erfurt Großstadt.

Als 1920 der Freistaat Thüringen gegründet wurde, verblieb die Stadt zunächst weiter bei Preußen. Am 12. April 1945 zogen die Amerikaner in Erfurt ein; am 3. Juli begann die sowjetische Besatzungszeit. Erfurt gehörte nun auch politisch wieder zu Thüringen. 1948 wurde es zur Landeshauptstadt und 1952 nach Auflösung der Länder zur ***Bezirksstadt*** erklärt.

Arbeit fanden die Bewohner vor allem in den Kombinaten für Umformtechnik und Mikroelektronik, für Bekleidung und Schuhe, in Druckereien und natürlich in den Gartenbaubetrieben. Die Tütchen mit Blumen- und Gemüsesamen aus

Ehemaliger „Erfurter Hof" am Willy-Brandt-Platz

Erfurt waren ein Exportschlager und fehlten – wie die ***Puffbohne*** (S. 87) und die Brunnenkresse – in keinem ostdeutschen Haushalt oder Blumentopf!

1961 öffnete auf dem Cyriaksberg die ***Internationale Gartenbauausstellung*** ihre Pforten. Von da an gehörten eine Reise nach Erfurt und der Besuch der „iga" zum Ausflugsprogramm vieler Betriebe, Hobby-Gärtner und frisch Verliebter.

Von Willy Brandt zur Revolution

Am 19. März 1970 kam mit Willy Brandt zwar kein Frischverliebter, dafür aber ein frisch gewählter Bundeskanzler nach Erfurt, um sich hier mit dem DDR-Ministerpräsidenten Willi Stoph zu treffen. Wer das Alter hat, wird die begeisterten „Willy-Willy"-Rufe auch nach über fünfzig Jahren noch im Ohr haben und beim Verlassen des Hauptbahnhofs den Blick zu jenem Erkerfenster am ehemaligen „Erfurter Hof" heben, an dem sich der Hoffnungsträger aus dem Westen der jubelnden Menge gezeigt hatte. Heute erinnert eine Leuchtreklame mit der Schriftzeile „Willy Brandt ans Fenster!" an jenes Treffen, das in der Verlängerung das Tor zum Osten aufgestoßen hatte und ein wichtiger Schritt auf dem Wege hin zur Wende und zur staatlichen Einheit gewesen war.

1989 gingen auch die Erfurter auf die Straße. Viele Impulse kamen aus der Stadt. Hier wurde die erste Stasizentrale besetzt. In Luthers Kloster traf sich unter dem Vorsitz von Vertretern der beiden Kirchen der „Runde Tisch" des Bezirkes. Und um den Verfall ihrer historischen Altstadt

Zu den wichtigsten Ereignissen im Jahreskreis gehören der Erfurter *Weihnachtsmarkt* auf dem Domplatz, die *Thüringer Bach-Wochen* und das *Krämerbrückenfest* (3. Juni-Wochenende). Alljährlich am 10. November, dem Geburtstag des Reformators, findet das *ökumenische Martinsfest* statt. Dann strömen die Erfurter und ihre Gäste auf den Domplatz, um hier an Martin Luther und gleichzeitig an den Heiligen Martin zu erinnern, den Schutzheiligen der Stadt.

anzuprangern und weiteren Abriss zu verhindern, bildeten Zehntausende Erfurter entlang der ehemaligen Stadtmauer einen „Bürgerwall".

1991 wurde Erfurt zur ***Landeshauptstadt des wiedererstandenen Freistaates Thüringen*** gewählt. Im Jahr darauf feierte man die urkundliche Ersterwähnung von 742 und gedachte dabei ebenso der Gründung der Universität vor sechshundert Jahren. Nach dem Anschluss an Preußen war die Erfurter Alma mater 1816 geschlossen worden. Die Wiederbelebung universitärer Traditionen verlor man aber nie aus den Augen.

Ab 1954 gab es eine Pädagogische Hochschule, ab 1955 die Medizinische Akademie. Im Oktober 1991 nahm die Fachhochschule Erfurt ihren Studienbetrieb auf, an der auch Gartenbau, Landschaftsgärtnerei und Architektur gelehrt werden. Im April 1994 wurde dann ***Deutschlands jüngste staatliche Universität*** gegründet. Der Studienbetrieb begann mit dem Wintersemester 1999/2000. Inzwischen gibt es neben der Philosophischen auch eine Staatswissenschaftliche, eine Erziehungswissenschaftliche und seit 2003 die Katholisch-Theologische Fakultät. Eine Besonderheit ist das auf Lehre und Forschung gleichermaßen ausgerichtete Max-Weber-Kolleg für kultur- und sozialwissenschaftliche Studien.

Nun fehlte der Stadt nur noch eines: der ***Bischofssitz***. Mit der Säkularisierung von 1821 war die katholische Kirche vom Bistum Paderborn, ab 1930 vom Bistum Fulda verwaltet worden. Während der DDR-Jahre bestand mit dem Bischöflichen Amt Erfurt-Meiningen eine Fuldaer „Ost-Filiale". Am 8. Juli 1994 erhob Papst Johannes Paul II. dieses Amt zur Diözese und machte Erfurt wieder zum Bischofssitz. Diesen besuchte sein Nachfolger Papst Benedict XVI. im September 2011. Im Augustinerkloster kam es zu einem ökumenischen Treffen mit Nikolaus Schneider, dem Ratsvorsitzenden der Evangelischen Kirche in Deutschland, das weltweit Beachtung fand (S. 61).

Auch das ist Erfurt! Und Erfurt, wo man auf Schritt und Tritt Geschichte hautnah erleben kann und das die einen Dom-, Luther-, Blumen- oder Gartenstadt und die anderen Universitäts-, Bach-, Kongress-, Sport- oder Messestadt nennen, ist nun auch ***UNESCO-Welterbestadt***! Im September 2023 wurden die Alte Synagoge, die Mikwe und das Steinerne Haus als „Jüdisch-Mittelalterliches Erbe" in die Weltkulturerbe-Liste aufgenommen und damit unter besonderen Schutz gestellt.

Wenigemarkt mit Ägidienkirche

Die Entdecker-Touren

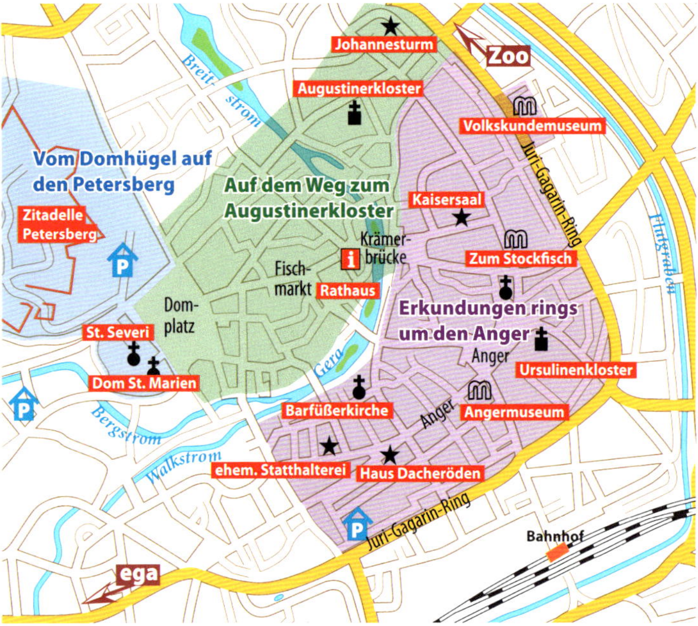

Er ist die Hauptattraktion Erfurts: Der Dom St. Marien. Mit seiner Besichtigung beginnen wir. Und da wir einmal die 70 Domstufen auf den Hügel erklommen haben, liegt es nahe, auch gleich der Severikirche mit ihren großartigen Kirchenschätzen einen Besuch abzustatten. Nur wenige Minuten laufen wir dann hinüber zur einstigen Festung Petersberg. Von hier lohnt der Blick in alle Himmelsrichtungen und macht neugierig auf die alte Stadt.

Erfurts Altstadt hat es in sich. Verwinkelte Straßen, lebendige Plätze, romantische Wasserläufe und Weltkulturerbe! Nicht nur ein Weg führt vom Domplatz zum Augustinerkloster und es empfiehlt sich auf jeden Fall, mal nach rechts oder links abzubiegen, um schmucke Häuser oder verlockende Lädchen zu entdecken. Am Fischmarkt mit dem Rathaus und an der Krämerbrücke mit Aussichtsturm kommt man früher oder später ohnehin vorbei.

Auf dem Anger erwarten uns zwischen Kaufmannskirche am einen und der alten Statthalterei am anderen Ende neben Ursulinenkloster und Angermuseum auch prächtige Gründerzeitbauten, von Jugendstil bis Neue Sachlichkeit. Nicht weit von der Erfurter Bummelmeile liegen die Barfüßerkirche, das Stadtmuseum und das Thüringer Volkskundemuseum.

Blick vom Petersberg hinüber zum Domhügel

Vom Domhügel auf den Petersberg

Bastion Kilian auf dem Petersberg

Dom St. Marien

Der aufstrebende, turmreiche Dom mit seinen viaduktähnlichen Kavatenbögen. Die dicht gesetzten Strebepfeiler. Der Umgang und darüber die wohlproportionierte Fassade des Hohen Chores. Und, gleichberechtigt daneben, die Pfarrkirche St. Severi mit ihrer einprägsamen Silhouette, die Häuser der Geistlichen, die Mauern, die Stufen, die wehrhafte Bonifatiuskapelle am Berg. Dieses Panorama ist das Wahrzeichen und das architektonische Aushängeschild Erfurts. Man wird nur schwerlich ein schöneres Gruppenbild mit Kirchen, Häusern, Treppe und Berg finden in diesem Land!

i S. 30

Baugeschichte. Wer die siebzig Stufen der Freitreppe (die Graden), auf denen sommers die beliebten ***DomStufen-Festspiele*** stattfinden, hinaufsteigt, läuft direkt auf das eindrucksvolle Triangel-Portal des dreieckigen Vorbaus zu. In spitzem Winkel streben hier der Mariendom und St. Severi aufeinander zu. Und man ist verblüfft, wie nahe diese beiden markanten Gotteshäuser beieinander stehen und dass dennoch keines dem anderen im Wege ist.

Der Domberg, in alten Quellen als „mons altus" (Hoher Berg) oder „mons Sancti Severi" (Berg des heiligen Severus) bezeichnet, war schon frühzeitig ein „geistlicher" Berg. Hier lebten die Nonnen des Benediktinerklosters St. Paul und hier hatte auch der Erzbischof seine Burg. Als Bonifatius im Jahre 742 die bereits vorhandene Taufkirche zur Bischofskirche erhob, ahnte noch niemand, wie es einmal auf diesem Berg und mit diesem neuen Bistum weitergehen würde.

1154 wurde, nachdem die alte Kirche baufällig geworden war, mit den Arbeiten für eine ***romanische Basilika*** begonnen. Bei dieser Gelegenheit stieß man auch auf die Gräber mit den Gebeinen von Adolar und Eoban, den Bonifatius-Getreuen, die gemeinsam mit diesem im Jahre 752 eine Missionsreise gen Friesland unternommen und dabei in Dokkum den Tod gefunden hatten.

1201 war der Südturm, dreißig Jahre später der Nordturm der neuen Kirche vollendet. Doch schon zu diesem Zeitpunkt hatte sich die Erkenntnis durchgesetzt, dass auch ein Neubau wieder viel zu klein geraten werde. Und weil der Domberg zwar sehr steil, genau besehen aber doch nur ein überschaubarer Hügel ist, bediente man sich eines Tricks: Man errichtete einen ***dreigeschossigen Unterbau*** und „verlängerte" auf diese Weise den Berg.

Auf vierzehn Meter hohen „Kavaten" (hergeleitet vom lateinischen cavus: hohl/gewölbt, Höhlung/Loch) wuchs nun bis 1370 ein 26 Meter ***hoher Chor*** empor. Eine bautechnische Meisterleistung, wie man sie in deutschen Landen bis dahin noch nicht gesehen hatte. Das oberste Kavaten-Geschoss, die Krypta, ist über die Freitreppe zugänglich und dient wochentags als Gottesdienstraum.

Dom St. Marien und St. Severi

S. 30

Baubeschreibung. Das zweigeschossige ***Triangelportal*** mit seinen Apostel- und Jungfrauen-Darstellungen stammt aus der Zeit um 1330 und gehört nach Auffassung von Dehio „zu den Pretiosen gotischer Architektur in Deutschland".

Durch die beiden Türen gelangt der Besucher in den Dom St. Marien und direkt in den *nördlichen Querhausarm*. Hier ist der in kräftigen Farben gestaltete ***„Einhornaltar"*** aufgestellt. Die um 1420 geschaffene Arbeit gehört zu den schönsten Gemälden, die sich im Domschatz befinden. Auf dem Mittelbild ist die Verkündigung durch den ins Hifthorn blasenden Engel Gabriel als Jäger dargestellt. Mit seinen Hunden treibt er Maria das weiße Fabeltier zu, das sich, so die Legende, nur von einer Jungfrau fangen lässt, der es dann seinen Kopf in den Schoß legt. Dieses Bild betrachteten die Kirchenväter als Symbol für die Menschwerdung Christi im Schoße Marias.

Vom Querhaus gelangt man über fünf Stufen in jenen Bereich, den einmal der romanische Chor eingenommen hatte. Am Anfang dieses sogenannten *Chorhalses* und vom Einhorn nur wenige Schritte entfernt, werden hinter einem stets umlagerten und erleuchteten Fenster einige „handlichere" Zeugnisse aus

Dieser Dom, an dem jede Generation gebaut, verändert und ausgebessert hat, ist eine *einzigartige Schatzkammer*, die es Schritt für Schritt, Blick um Blick zu entdecken und zu öffnen gilt.

Die törichten Jungfrauen am Gotischen Triangelportal

der Schatzkammer des Domes präsentiert, darunter die Reliquien des heiligen Bonifatius und des heiligen Kilian, der als Patron „des Frankenlandes und Südthüringens" auch in Erfurt große Verehrung erfuhr. Von der am 1. Juni 1235 heiliggesprochenen Landgräfin Elisabeth von Thüringen ist das päpstliche Dokument für ihre Heiligsprechung in der Ausstellung zu sehen. Eine Figur der Heiligen befindet sich an der Wand darüber.

Aus dem romanischen Vorgängerbau stammt die fast vollplastische ***„Erfurter Madonna"*** im offenen Seitenraum des Chorhalses. Die Skulptur entstand um 1160. Wie eine Königin thront diese Stuckmadonna auf ihrem Ringpfostenstuhl und bildet dabei mit ihrem streng aufgerichteten Körper selbst wieder einen Thron. Auf dem sitzt Christus, knabengroß, doch bereits mit männlichernstem Gesicht und mit Füßen, die zu keinem Kind passen.

Durch den Chorhals erreicht man den über den Kavaten errichteten *Hohen Chor*. Und hier sollte man sich zunächst in eine Bank setzen, um den „hoheitsvoll aufsteigenden Raum" (Dehio), der ganz in gedämpftes Licht getaucht ist, auf sich wirken zu lassen und nachzuvollziehen, auf welchem Untergrund man sich eigentlich bewegt.

Die fünfzehn farbigen ***Chorfenster***, jedes 18 Meter hoch und 2,50 Meter breit, gehören wohl zu dem Faszinierendsten in diesem an Außergewöhnlichem so überreich gesegneten Chor! Zwölf dieser Fenster stammen noch aus der Zeit zwischen 1380 und 1420 und wurden in einer Erfurter Werkstatt angefertigt. Carl Fritz David Crodel, genannt Charles Crodel, der sich bereits während seines Kunststudiums 1914 in München mit der Glasmalerei befasst hatte, entwarf nach 1960 zwei Ersatzfenster mit Szenen aus dem Leben der heiligen Elisabeth und der geheimen Offenbarung für den Hohen Chor sowie drei weitere für das Langhaus.

Ihres Alters, ihrer besonderen Farbigkeit, ihrer Größe und Vollständig-

Blick in den Chor mit prächtigem Barockaltar – drei Chorfenster werden 2024/25 restauriert

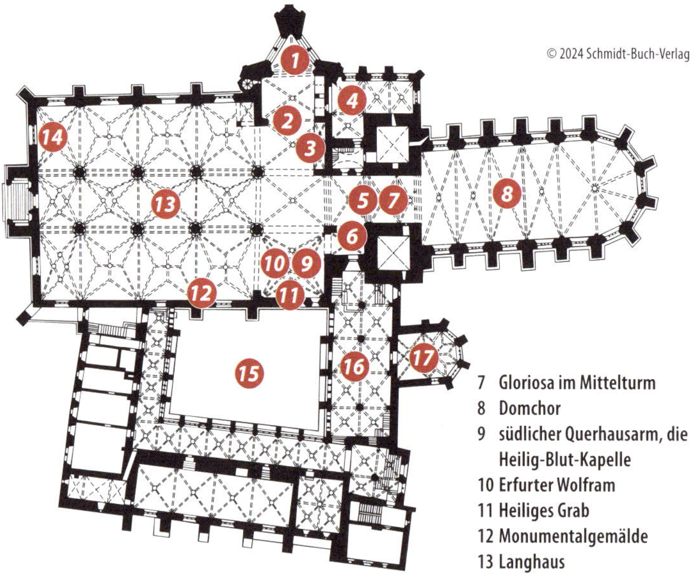

1 Triangelportal
2 nördlicher Querhausarm
3 Einhornaltar
4 Sakristei
5 sogenannter Chorhals
6 Erfurter Madonna
7 Gloriosa im Mittelturm
8 Domchor
9 südlicher Querhausarm, die Heilig-Blut-Kapelle
10 Erfurter Wolfram
11 Heiliges Grab
12 Monumentalgemälde
13 Langhaus
14 Taufbecken
15 Kreuzgang
16 Ostflügel, Kunigundenhalle
17 Clemens- und Justus-Kapelle

keit wegen sind die Originalfenster im gotischen Chor eine nicht nur von Fachleuten immer wieder bestaunte Rarität. Dargestellt sind Szenen aus der Bibel und verschiedene Heiligenlegenden. An der Nordseite beginnend, sieht man das großfigurige Heilig-Kreuz- und das Bonifatius-Fenster. Dem schließen sich das Eustachius-Fenster, das Katharinen-Fenster, links vom Hochaltar das Apostelmartyrien-Fenster, das Apostel- und das Passions-Fenster an. Den Abschluss auf der Südseite bildet das nach 1403 eingesetzte, aus dem Nachlass des verstorbenen Domvikars finanzierte Tiefengruben-Fenster. Auf ihm sind neben dem Gekreuzigten verschiedene Heilige sowie die Krönung Marias zu erkennen.

Auch das auf einem Stufenpodest angeordnete doppelreihige ***Gestühl*** stammt noch aus der Frühzeit des Chores. Die um 1370 entstandenen Schnitzarbeiten zeigen musizierende Menschen und Engel, Szenen aus dem Winzerleben und aus der biblischen Geschichte sowie Tiere, Blumen, Fabelwesen und ornamentalen Schmuck. Auffallend ist die Fröhlichkeit in den Gesichtern der meisten Figuren. Wie jedoch die Chorherren angesichts der mit prachtvollen Frauenfiguren geschmückten Sitz-Wangen dem geistlichen Geschehen vor dem Altar folgen konnten, bleibt rätselhaft.

Der ***Hochaltar*** entstand 1697. Er ist dreizehn Meter breit und erreicht eine Höhe von siebzehn Metern. Hinsichtlich seiner Schönheit und Größe führt er die Reihe herausragender Barockaltäre in Thüringen an. Die Erfurter Maler Jacob Samuel Beck und Tobias Jacob Hildebrand schufen die vier Wechsel-Bilder. Die Heiligen sind als lebensgroße Schnitzfiguren ausgeführt. Im unteren Bereich sieht man – paarweise zugeordnet und von innen nach außen betrachtet – die Missionsbischöfe Adolar und Eoban, Bonifatius und Martin, Petrus und Paulus. In der Etage darüber stehen die vier Evangelisten, über diesen wiederum der heilige Joseph, der Erzengel Michael, der für den Pilger-Schutz zuständige Engel Raphael und Johannes der Täufer.

Im *südlichen Querhausarm* empfängt uns mit ausgebreiteten Armen der ***sogenannte Wolfram***. Die bronzene Lichtträgergestalt aus der Zeit um 1160 ist nach ihrem Stifter benannt, dessen Name in das Gürtelband ziseliert wurde. Der Untersatz, auf dem diese 1,50 Meter hohe Figur ruht und auf dessen Bronzefüßen seltsame Tiere und Fabelwesen hocken, stammt aus der gleichen Zeit. Wolfram steht mit seinem Geleucht wie auf der Krone einer Stadtmauer.

Vor der Absperrung an der Südwand recken sich die Kleineren, um wenigstens einen prüfenden Blick in die Holztruhe zu werfen, die das ***„Heilige Grab“*** symbolisiert. In der liegt ein um 1420 geschnitzter Christus aus Lindenholz. Der hat einen Kissenkeil im Genick, damit der Kopf etwas angehoben ist und wir dem Toten besser ins Gesicht schauen können. Die Truhe ist mit schlafenden Grabwächtern bemalt. Der hochgeklappte Deckel zeigt die bei der Grablegung anwesenden Trauernden und Heiligen.

Bis Mitte des 20. Jahrhunderts befand sich im südlichen Querhausarm das *Hochgrab von Adolar*, dem vermutlich ersten Bischof des Bistums Erfurt, und das seines Gefährten Eoban, der Bischof von Utrecht war. Sie sind heute in der Krypta aufgestellt.

Sobald von hohl gegossenen Großplastiken die Rede ist, wird der *Erfurter Wolfram* in einem Atemzug mit dem Braunschweiger Löwen genannt, der ja für die Kunstgeschichte eine feste Größe ist.

Für etwa einhundert Jahre ab 1870 besaß das Langhaus ein neugotisches Dach mit einem 44 Quadratmeter großen *Marienmosaik* am Westgiebel. Es wurde in Venedig gefertigt und 2018 unter dem Dach wiederaufgestellt. Bei ***Führungen*** (i S. 30) können Mosaik und *„Gloriosa“* (S. 21) besichtigt werden.

Mit dem gotischen Umbau verschmolz das Querhaus räumlich völlig mit dem Langhaus. Jeder seiner kühn aufstrebenden, tief gekehlten Pfeiler ist mit einem der Pfeilerrundung leicht angepassten, gerahmten Gemälde geschmückt. Das Mittelschiff dürfte mit dem Grundriss der alten Basilika identisch sein.

An der Südwand des Langhauses befindet sich ein ***Monumentalgemälde***, das den heiligen Christopherus dargestellt. Das auf Sandstein aufgetragene Ölbild nimmt eine Fläche von 56 Quadratmetern ein und entstand im Jahre 1499. Am linken Bildrand erscheint das Porträt des Stifters und Domdechanten Markus Becker und mit der Stadtlandschaft im Hintergrund kann nur Erfurt und der Dom St. Marien gemeint sein.

Die ***Steinplatte*** unter dem Wandgemälde schmückte einst die Grabstätte ***eines Grafen von Gleichen*** (S. 88). Der hier Abgebildete steht zwischen zwei Frauen. Mutter und Gemahlin, heißt es dazu erklärend. Doch die Überlieferung kennt noch eine andere Geschichte, und in der ist die eine wie die andere die Frau des Grafen. Mit der gemalten Legende schmückte Eduard Kämpffer die Flurwände im Rathaus (S. 48). Bei der Platte handelt es sich um das älteste derartige Grabdenkmal im Dom. Die Entstehungszeit wird um 1250 datiert. Bis zum Beschuss des Petersberges im November 1813 durch preußische Truppen befand sich der Von-Gleichen-Stein im dortigen Kloster (S. 27).

Von der Potsdamer Orgelbaufirma Alexander Schuke wurde 1992 die ***Hauptorgel*** an der Westseite eingebaut. Sie besitzt 63 auf drei Manuale und ein Pedal verteilte Register. Von ihrem Spieltisch aus kann auch die Schuke-Orgel im Chor gespielt werden.

Das ***Taufbecken*** rechts daneben vollendete Hans Friedmann der Ältere im Jahre 1587. Der achtzehn Meter hohe Überbau entstand zur gleichen Zeit durch Hieronymus Preußer. Er brachte den Hintergrund für das Taufgeschehen, also die „Verbindung zwischen Himmel und Erde“, sehr anschaulich auf den Punkt: Die Spitze endet in einer Wolke, aus der der Gottvater einladend und freundlich auf uns blickt.

Westseite des Domes

Erfurts berühmteste Glocke, die *„Gloriosa"* wird auch als „omnium campanarum regina" bezeichnet, als „aller Glocken Königin". Diese Ehre hat sie natürlich verdient, denn sie ist weltweit die größte frei schwingende Glocke des Mittelalters mit ganz besonderem Klang. Dieser ist heute ausschließlich an kirchlichen Feiertagen zu erleben.
Fünf ***Vorgängerinnen*** gleichen Namens hielten allesamt nicht sehr lange. Die erste Gloriosa wurde 1251 geweiht, die zweite 1308 und die dritte 1363. Ein Feuer zerstörte Letztere am Abend vor dem Martinsfest 1416, weil die möglicherweise angeheiterten Glockenmänner beim Verlassen der Glockenstube das Löschen der Kerzen vergessen hatten. Die Türme brannten aus und alle sechszehn Glocken wurden vernichtet. „Gloriosa IV" fiel dem großen Stadtbrand von 1472 zum Opfer. Meister Klaus aus Mühlhausen sollte eine neue Hauptglocke gießen. Doch weil er vergiftet wurde, brachte ein Gehilfe die Arbeit zu Ende. Nach zwei Jahren bekam sie einen Sprung und schwieg fortan. Ein neuer Glockengießer musste gefunden werden. Man suchte lange. Schließlich nahm der ***Niederländer Gerhard van Wou*** die Herausforderung an. Van Wou war 57 Jahre alt und hatte schon Dutzende Kanonen und mehr als einhundert Kirchenglocken gegossen.
Im Mai 1497 kam er nach Erfurt. Auf dem Platz zwischen Mariendom und St. Severi ließ er die Formen in die Erde bringen und baute zwei Schmelzöfen auf. Am 7. Juli wurden die Öfen um die Mittagszeit herum angeheizt. Um zehn Uhr abends war dann die „Glockenspeise" in den Öfen „zum nötigen Flusse gediehen". Nach Mitternacht erfolgte der Abstich. Um zwei Uhr in der Frühe war der Guss der sechsten „Gloriosa" geglückt!
Gerhard van Wou hatte eine Glocke von fast drei Metern Durchmesser geschaffen, 2,67 Meter hoch und 11 450 Kilogramm schwer. Es war ***die größte und schwerste frei schwingende Glocke***, die bis dahin gegossen worden war. Ihrer Größe, ihrer Schönheit und vor allem ihres ***ungewöhnlichen Klanges*** wegen galt die „Gloriosa" fortan als die berühmteste Glocke der Welt.
Nach fast fünf Jahrhunderten „Dienst im Turm" bekam die „Gloriosa" beim Weihnachtsläuten 1984 einen feinen Sprung. Der konnte dank eines neuen Verfahrens von der bayrischen Glockengießerei Lachenmeyer im Turm geschweißt werden. Die „Gloriosa" erhielt ihren alten Klang zurück, hallte aber fortan nicht mehr dreieinhalb, sondern fünf Minuten nach! Als sich Jahre später erneut ein Haarriss zeigte, musste die Glocke vom Turm geholt werden. In einer aufsehenerregenden Aktion wurde sie aus der Glockenstube auf einem „Schlitten herausgefahren". Ein 250-Tonnen-Spezialkran holte sie dann in der Höhe ab, ein Tieflader brachte sie ins bayrische Nördlingen und am 8. Dezember 2004 läutete sie am alten Platz die Weihnachtszeit ein.

Severikirche

St. Severi ist die zweite den Domhügel prägende Kirche. Ihre beiden den Chor flankierenden spitzhelmigen Türme werden von einem noch mächtigeren Mittelturm überragt. Und dieses Bild behält man im Kopf.

i S. 30

Baugeschichte. Die Kirche wurde zwischen 1278 und 1340 als fünfschiffige gotische Hallenkirche errichtet. Drei ihrer Schiffe stehen auf den Fundamenten eines romanischen Vorgängerbaus.

Doch schon vor dessen Errichtung fand hier christliches Leben statt. Im Jahre 836 ließ der Mainzer Erzbischof Otgar die Reliquie des heiligen Severus von Ravenna über die Alpen und ins Kloster der Benediktinerinnen „St. Paul in alto monte" nach Erfurt überführen. So kann man davon ausgehen, dass sich auf dem heutigen Domhügel bereits eine Kapelle und ein Kloster befunden haben.

Das Kloster wurde im Jahr 1123 auf den Cyriaksberg und damit vor die Stadt verlegt. 1142 brannten die romanische Basilika und das Severi-Stift nieder. Fast einhundertvierzig Jahre brauchte es, bis die notdürftig wieder aufgebaute Kirche durch einen Neubau ersetzt werden konnte.

Kirchenschatz. St. Severi verfügt über einen besonders großen und aus verschiedenen Stilepochen stammenden Kirchenschatz. Den durch das Südportal Eintretenden grüßt der um 1375 geschaffene sitzende Severus aus der Höhe.

Der Namenspatron begegnet dem Besucher aber auch im Inneren der Kirche in vielerlei Gestalt, so an dem aus Tannenholz gearbeiteten, um 1670 entstandenen ***Hochaltar***. Hier flankieren lebensgroße Schnitz-

Sandsteinsarkophag für den heiligen Severus (vermutlich 1363)

figuren die auswechselbaren Altarbilder von Jacob Samuel Beck: Der heilige Severus steht auf der linken, Bonifatius auf der rechten Seite. Die Seitenfiguren in der zweiten Ebene sind kleiner. Sie stellen die heilige Vincentia und Innocentia dar, die Gattin und die Tochter des Severus. Das dreizehn Meter hohe Retabel, das den gesamten Chorraum ausfüllt, eröffnet „die Reihe der großen Barockaltäre" Mitteldeutschlands.

Die Rheinische ***Sandstein-Madonna*** an der Nordseite stammt von 1350 und ist die älteste Arbeit in dieser Kirche. Das ***Alabasterrelief*** im südlichen Seitenschiff entstand 1467 und zeigt den Erzengel Michael. Auf seinem Arm sitzt ein Menschlein, das es zu schützen gilt. Und fast beiläufig durchbohrt er den Gehörnten in Drachengestalt. Der Schöpfer des Reliefs bleibt anonym, doch Gorbatschow soll, als er es sah, von dieser Michael-Darstellung sehr begeistert gewesen sein.

Marienskulptur

Mit dem gleichfalls 1467 gefertigten ***Taufstein*** im nördlichen Seitenschiff hat sich der Domherr Dr. Johann Steinberg als Stifter ein Denkmal gesetzt. Der mit Kreuzblumen und vielerlei anderem Zierrat geschmückte Baldachin aus Sandstein reicht bis zur Gewölberippe hinauf. Sowohl Taufbecken als auch Baldachin zählen zu den herausragendsten Werken spätgotischer Bildhauerarbeit in Deutschland.

Den größten Eindruck aber hinterlässt wohl der 1363 gefertigte ***Sandsteinsarkophag für die Gebeine des hl. Severus*** im südlichen Seitenschiff. Auf drei Reliefplatten wird das Leben des Wollwebers aus Ravenna erzählt, der im Jahre 284 unvermutet zum Bischof gewählt wurde. Wie ein Kamel aussieht, wusste der Steinmetz noch nicht. Aber mit dem Christuskind ist ihm ein ungewöhnlich heiteres Kerlchen gelungen, was man freilich nur erkennt, wenn man sich tief bückt. Die Deckplatte ist ein Abguss. Das Original wurde nach dem Brand von 1472 an der Südwand angebracht. Dort steht der Bischof nun zwischen seiner Frau und der Tochter – sehr lebendig, sehr sympathisch und wunderschön (Foto S. 24).

Die an der Südseite der Stiftskirche gelegene *Blasiuskapelle* wurde 1363 angebaut. Den spätgotischen ***Marienaltar*** schuf der Erfurter Maler Peter von Mainz im Jahre 1510. Auf

Das Original der ***Deckplatte des Severi-Sarkophags*** wurde nach dem Brand von 1472 an der Südwand der Severikirche angebracht.

den Innenseiten der Altarflügel sind der heilige Andreas – die mannslangen und zum Andreaskreuz geformten Balken neben sich – sowie die heilige Katharina abgebildet, außen Erasmus und Laurentius. Im Zentrum steht, die Mondsichel unter den Füßen und die Wurzel Jesse über sich, Maria im Strahlenkranz; unter sich den lesenden Propheten Jesaja und den Seher Johannes auf Patmos.

Dem Altar gegenüber befindet sich die einzige moderne Christusdarstellung in St. Severi. Hildegard Hendrichs (1923-2013) schuf diesen ***drei Meter hohen Schmerzensmann*** im Jahre 1953. Die Idee dazu war der Erfurter Künstlerin auf dem La Verna, dem Berg der Stigmatisation des Heiligen Franziskus, gekommen. Aus Italien zurückgekehrt, hatte sie dann, in der Kapelle stehend, diese Figur während des Winters „vor Ort" geschaffen. Eindrucksvoll sind die ausgebreiteten Hände. Die Seitenwunde ist zur Mitte hin verschoben und hat dort die Form eines Herzens angenommen. Die Figur ist aus Lindenholz und stand ursprünglich auf der Altarseite.

Der kürzeste Weg vom Domhügel zum Petersberg führt an den Pfarrhäusern des ehemaligen Domstiftes vorbei. Hier steht auch der um 1125 errichtete quadratische ***Bonifatiusturm***. Ursprünglich ein Wehrturm, erhielt er im Jahre 1624 eine Kapelle, die dem „Apostel der Deutschen" geweiht wurde. Ein reizvolles Glockentürmchen krönt das Bauwerk. Darauf wiegt sich die von einem Strahlenkranz umgebene, vergoldete Madonna im Wind.

Zitadelle Petersberg

Die sternenförmige barocke Stadtfestung beeindruckt heute wie früher. Sie sucht in Mitteleuropa ihresgleichen. Galt sie bei ihrer Errichtung als hochmodern und uneinnehmbar, kann sie heute jederzeit individuell erobert werden. Und dies seit der Bundesgartenschau 2021 noch komfortabler, dank Panoramaaufzug an der Bastion Leonhardt und einem Empfangsgebäude.

Baugeschichte. Der Legende nach soll es auf dem Petersberg bereits vor der Ankunft des Bonifatius ein Kanonikerstift gegeben haben. Seine *Ersterwähnung* fällt jedoch in das Jahr 1060, als der Mainzer Erzbischof Siegfried I. das Stift in ein Benediktinerkloster umwandeln ließ. Weil Siegfried im Streit zwischen Kaiser und Papst den papsttreuen Gegenkönig Rudolf von Schwaben unterstützte, ließ die Strafexpedition Heinrichs IV. nicht lange auf sich warten. 1080 erschien das kaiserliche Heer vor Erfurt, verwüstete das Kloster und zerstörte die Stadt.

Dreiundzwanzig Jahre später wurde die Peterskirche unter dem Abt Burchard neu errichtet. Als Vorbild diente die Kirche St. Peter und Paul im schwäbischen Hirsau. Von dort war nach dem Beispiel von Cluny in Burgund und dem lothringischen Gorze eine beachtliche Klosterreform auf den Weg gebracht worden, die auch mit Veränderungen am Baukörper einherging.

An beiden Orten, in Erfurt wie in Hirsau, war mit derselben Maßeinheit gebaut worden, bei der die Dicke der Mittelschiffsmauern sowie die Breite des Mittelschiffes und

Romanische Peterskirche

der Türme sogar eine millimetergenaue Übereinstimmung aufwiesen. Und noch heute findet man an der Südseite der Kirche die typischen „Hirsauer Nasen“ am Würfelkapitel.

Bereits während der Bauphase nahmen die Ablässe und Schenkungen für das Peterskloster Ausmaße an, die dem Erzbischof Sorge bereiteten. 1116 enthob er deshalb den Abt seines Amtes, weil es sich nicht schickte, „dass ein Klosterprälat reicher als ein Bischof sei“. Doch das Kloster baute seine herausragende Rolle weiter aus.

1147 wurde die Klosterkirche geweiht. Schon zuvor hatten die Mönche vom Petersberg durchgesetzt, dass sie ihren Prior selbst wählen konnten und nicht von Mainz bestimmen lassen mussten. Von 1193 an trugen die Äbte des Petersklosters sogar die Insignien, die sonst nur den Bischöfen zugestanden wurden. Auf dem Petersberg fanden Reichstage und Synoden statt und das Kloster sah es als Ehre und Aufgabe an, den Kaiser oder König in seinen Mauern zu beherbergen.

Mit der *Reformationszeit* begann der Stern des Petersklosters zu sinken. Die Bauernkriege und die religiösen Auseinandersetzungen jener Jahre überstand es aber doch relativ unbeschadet. Das klösterliche Leben erfuhr keinerlei Einschränkung.

Die Unterwerfung der Stadt durch den Mainzer Kurfürsten und Erzbischof im Jahre 1664 brachte auch den frommen Brüdern auf dem Petersberg Neues. Johann Philipp von Schönborn erkannte nämlich die strategische Bedeutung dieses Ortes: Er wollte – Kloster her, Kloster

Haupteingang der Zitadelle

hin – eine *Zitadelle* an dieser Stelle *errichtet* sehen, ein Bollwerk, von dem man die aufmüpfigen Erfurter bei Bedarf gut in Schach halten und den äußeren Feind rechtzeitig entdecken konnte.

Berühmte Festungsbaumeister wurden in Dienst genommen. Antonio Petrini favorisierte die neu-italienische Bauweise. Eine sternförmige Anlage mit mächtigen Bastionen, mit Verbindungswällen, mit Zugbrücke, mit Gräben und Ravelins genannten Wallschilden entstand, mit Kasernen, einem Kommandantenhaus und dem löwenreichen, repräsentativen Peterstor.

1704 war das Festungswerk in seinen wesentlichen Formen vollendet. Unter dem Baumeister Maximilian von Welsch erfolgten später weitere Neuerungen. Dann gingen den Mainzern die Mittel aus. Die Anlagen, die auch das Peterskloster umschlossen, wurden nur noch notdürftig geflickt. Einmal stürzten sogar Teile der Bastion Philipp samt der Corpus-Christi-Kapelle in den Graben, ein andermal brannten Pulverturm und Munitionslabor.

1802 fiel Erfurt an Preußen, 1803 wurde das Kloster säkularisiert. Von 1806 bis 1814 genoss eine französisch parlierende Festungsbesatzung den prächtigen Ausblick auf die Stadt. Nach dem Sieg über Napoleon kehrten die Preußen auf den Berg zurück. Der Petersberg wurde jetzt zu einer *„Festung Erster Ordnung"* ausgebaut. Die beim Beschuss am 6. November 1813 zerstörten Klosteranlagen wurden entfernt. An ihrer Stelle entstand eine ***Defensionskaserne***, eine „Festung in der Festung" also, 166 Meter lang, mit einschlagsicherem Schutzdach und mancherlei Raffinessen. Die Besatzung konnte sich dorthin zurückziehen, wenn gar nichts mehr ging. Und selbst wenn es dem Feind gelungen wäre, in die Defensionskaserne einzudringen, am Ziel wäre er damit noch lange nicht gewesen, denn jeder Korridor, jeder Raum musste einzeln „erobert" werden.

Panoramaaufzug an der Bastion Leonhardt

Dem Ausbau fiel auch die ***Klosterkirche*** zum Opfer. Ihre beim preußischen Beschuss von 1813 ramponierten Türme wurden abgetragen und die Kirche bis auf die Höhe der Seitenschiffe zurückgebaut. Das einst so prachtvolle und geräumige Gotteshaus diente dem Militär fortan als Kornspeicher. Zwischenböden wurden eingezogen und Fenster in die Mauern gebrochen. Zweitausend Soldaten, heißt es, hätten mit den hier gelagerten Vorräten ein halbes Jahr versorgt werden können.

Die von der Tourist-Information im Besucherzentrum angebotene ***Besichtigung der geheimnisvollen Horchgänge*** sollte man sich keinesfalls entgehen lassen. Bei den ***Funzelführungen*** durch den Berg bekommt man natürlich eine ordentliche Lampe in die Hand.

S. 30

Erst mit der Reichsgründung 1871 erübrigte sich die Festung, da es nun fernere Grenzen zu schützen galt. Man begann mit dem ***Abbruch der Festungsanlagen***. Ein Militärstandort blieb der Berg weiterhin. In der Weimarer Republik fand seine „Entmilitarisierung" statt. Während des Dritten Reiches hielt wieder das Militär auf dem Petersberg Einzug. Ein Gau-Forum wurde geplant und zum Tode verurteilte Wehrmachtsangehörige wurden hier erschossen.

Nach dem Zweiten Weltkrieg waren ein Vorauskommando der Kasernierten Volkspolizei und die Nationale Volksarmee auf dem Berg stationiert. Eine Polizeischule folgte und in das ehemalige Kommandantenhaus zogen später die Pioniere ein. Die Klosterkirche diente als Lager. Der SED-Chef und Staatsratsvorsitzende Walter Ulbricht, den Erfurts Reichtum an Kirchen ärgerte, wollte auf dem Petersberg eine neue Stadtdominante errichten lassen: ein Hotelhochhaus, das den Dom und die Türme von St. Severi überragen sollte. Doch die Pläne dafür blieben zum Glück unausgeführt. 1978 kam der Petersberg auf die zentrale Denkmalliste der DDR, was erste Sanierungsversuche bewirkte.

1990 wurde die „Bauhütte Petersberg" gegründet. Sie begann umgehend mit der Sicherung, der ***Sanierung und Rekonstruktion*** der Zitadelle. Ein einzigartiges Denkmal europäischer Festungsbaukunst konnte somit gerettet werden!

Besichtigung. Das ehemalige Festungsgelände hat sich zur Bundesgartenschau 2021 so richtig herausgeputzt und vieles blieb. Das einstige Kommandantenhaus betritt man über ein modernes Empfangsgebäude mit ideenreicher ***Multimedia-Ausstellung*** zur Petersberg-Geschichte. Touchscreens entpuppen sich als Schiebetafeln, lebensgroße Zeugen vergangener Epochen erzählen aus Videowänden heraus ihre Geschichten und Interaktion ist nicht nur in der Bauhütte gefragt...

S. 30

Die ***ehemalige Klosterkirche*** wurde restauriert und mit der Dauerausstellung „Paradiesgärten – Gartenparadiese" bereichert. Das einst zum Magazin umgebaute Langhaus bewahrt romanische Pfeiler, Säulen,

S. 30

1921 wurde die Straße Lauentor über den Petersberg gelegt und damit die 1668 erbaute ***Bastion Martin*** von der Kernfestung getrennt. Seit 2023 schwebt nun eine 108 Meter lange Brücke über die Straße, im Verlauf ähnlich der einst abgebrochenen Mauer, und ermöglicht (zumindest tagsüber) barrierefrei auf die ***Aussichtsplattform*** der Bastion zu gelangen. TiPP: Am Fuße der Bastion entführt die ***Weinmanufaktur und Destille Erfurt*** zu Genussreisen, Besichtigungen und Kursen.

Würfelkapitelle und Reste der ursprünglichen Wandmalerei.

Man sollte die 75 Meter lange Basilika zuerst umrunden, um eine Vorstellung von ihrer Größe zu gewinnen. Dabei wird man viele Details entdecken: So das Kreuzigungsrelief von 1370 an der Südwand mit dem an eine Astgabel geschlagenen Christus, die über vier Steinblöcke verteilte Ritzzeichnung des Gekreuzigten am Südostturm oder die drei Sonnenuhren aus dem 12. und 16. Jahrhundert an Süd- und Ostfassade.

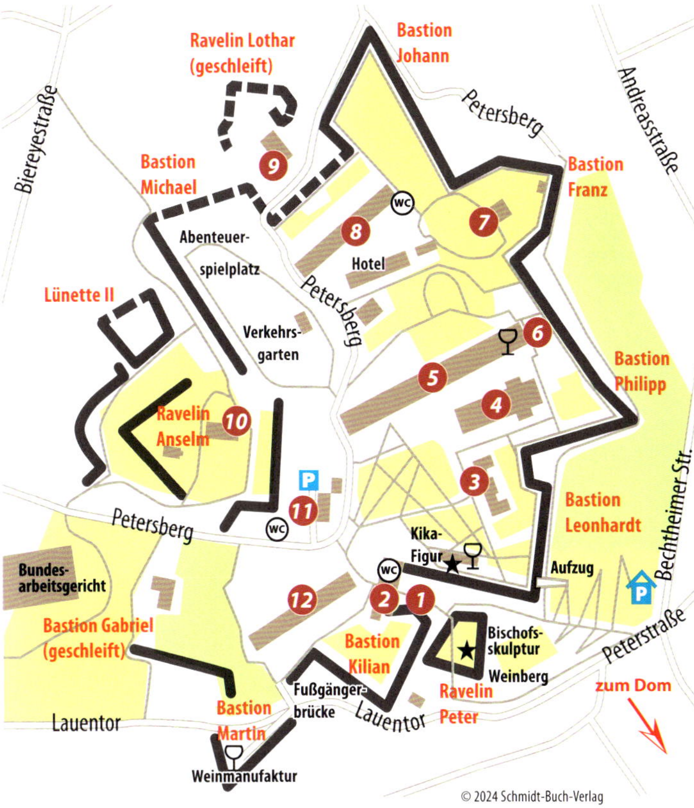

1 Zufahrtsbrücke Peterstor (1670/1864)
2 ehemaliges Kommandantenhaus (Besucherzentrum und Ausstellung)
3 Artilleriekaserne (Amt f. Denkmalpflege)
4 Peterskirche (Ausstellung Gartenparadies)
5 Defensionskaserne (1828/31, heute Campus für Kultur und Wissenschaft)
6 Festungsbäckerei mit Fahrpoterne (1832)
7 Kriegspulvermagazin I.
8 Untere Kaserne (Stasi-Unterlagen-Archiv)
9 Geschützkaponniere Nr. II (um 1826, heute Lager)
10 Geschützkaponniere Nr. I (um 1823/26)
11 Neue Hauptwache (Archiv der Denkmalpflege)
12 Obere Kaserne (heute Wohnungen)

Adressen und Öffnungszeiten

Seite

14 **Dom St. Marien** ***www.domberg-erfurt.de***
Domberg, Tel. (03 61) 64 61 265
Öffnungszeiten: Mai bis Oktober Mo bis Sa 10-18 Uhr, So/Feiertag 13-18 Uhr
November bis April Mo bis Sa 10-17 Uhr, So/Feiertag 13-17 Uhr
Öffentliche Führungen: Tickets in der Dom-Information auf dem Domberg, Anmeldung unter Tel. (03 61) 64 61 265, ***Dom:*** täglich 14 Uhr, ***Gloriosa:*** stündlich April bis Oktober Do 9-13 Uhr, Fr 12, 14, 15 Uhr, Sa 11, 12, 14-16 Uhr und So 13-16 Uhr, nicht am 1. Sa/So im Monat, ***Mosaik:*** April bis Oktober Fr/Sa 13 Uhr (nicht am 1. Sa im Monat), ***Domschatzkammer:*** Mi/Sa 15 Uhr (max. 15 Personen)

14 **DomStufen-Festspiele** ***www.domstufen.de***
★ Tipp: Alljährlich verwandeln sich im Sommer die siebzig Domstufen in eine spektakuläre Theaterbühne, gekrönt von den beiden Gotteshäusern. Das Ensemble des Erfurter Theaters lädt dann zu imposanten Open-Air-Abenden ein (S. 84).

22 **St. Severi und Anbetungskapelle** ***www.domberg-erfurt.de***
Domberg, Tel. (03 61) 64 61 265
Öffnungszeiten: April bis Oktober Mo bis Sa 10-17 Uhr, So/Feiertag 13-17 Uhr, November bis März Mo bis Sa 10-17 Uhr, So/Feiertag 13-17 Uhr

25 **Zitadelle Petersberg** ***www.petersberg-erfurt.de***
Petersberg 3, Tel. (03 61) 66 40 170, info@petersberg-erfurt.de
Öffnungszeiten Besucherzentrum und Ausstellung im Kommandantenhaus: täglich 10-18 Uhr, ***Peterskirche:*** April bis Oktober Di bis So 10-18 Uhr, ***Führungen:*** Festung und Horchgänge täglich 14 Uhr, in der Hauptsaison zusätzlich täglich 11 Uhr, ***Funzelführung:*** April bis Dezember täglich 17.30 Uhr

Gedenk- und Bildungsstätte Andreasstraße ***www.stiftung-ettersberg.de***
Andreasstraße 37 a, Tel. (03 61) 2 19 21 20. Die Ausstellung im ehemaligen Stasi-Gefängnis erinnert an Unterdrückung und Widerstand in der DDR.
Öffnungszeiten:
Di, Do 12-20 Uhr, Mi/Fr/Sa/So/Fei 10-18 Uhr, ***Führung:*** Sa und So 14 Uhr

Tourist-Information

Erfurt Tourist Information ***www.erfurt-tourismus.de***
Benediktsplatz 1, 99084 Erfurt
Tourist Information: Tel. (03 61) 66 40 0, info@erfurt-tourismus.de
Ticketservice: Tel. (03 61) 66 40 100, tickets@erfurt-tourismus.de
Zimmervermittlung: Tel. (03 61) 66 40 110, zimmer@erfurt-tourismus.de
Stadtführungen: Tel. (03 61) 66 40 120, citytour@erfurt-tourismus.de
Öffnungszeiten: Mo bis Sa 10 bis 18 Uhr, So/Feiertage 10 bis 15 Uhr
Souvenirs, Stadt- und Themenführungen, Erfurt Card/Erfurt Travel-Card

360 Grad Thüringen digital entdecken ***www.thueringen-entdecken.de***
Willy-Brandt-Platz 1, Tel. (03 61) 37 42 0
service@thueringen-entdecken.de
Öffnungszeiten: Mo bis Fr 10-18 Uhr, Sa 10-16 Uhr

Nordseite der Krämerbrücke

Auf dem Weg zum Augustinerkloster

Aussicht vom Ägidienturm hinüber zum Kloster

Domplatz

Vor zweihundert Jahren gab es den Domplatz, dessen Existenz nicht nur an Markt- und hohen Festtagen für den Erfurter von enormer Bedeutung ist, noch nicht. Dafür hatte man den „Markt unter den Graden" (den Domstufen), aber der war beileibe nicht so groß!

Der Platz, wie man ihn heute kennt, „verdankt" sein Entstehen den Preußen. Die beschossen am 6. November 1813 die Festung Petersberg und legten dabei auch knapp zweihundert Häuser an der Nordseite des Platzes in Schutt und Asche. Das ältere Pflaster zeigt noch, an welcher Stelle die Bebauung endete und wie die Marktgrenze verlief.

Der ***Obelisk*** aus Wanderslebener Sandstein stand schon auf dem alten Markt. Er erinnert an den Besuch des Mainzer Erzbischofs und Stadtherrn Joseph von Erthal, welcher am 17. Mai 1777 „in höchsteigener Person gegenwärtig in Erfurt" war. „Dem besten Vater des Landes Friedrich Carl Joseph des Heiligen Stuhles zu Mainz Erzbischof ...", beginnt die Widmung. Was F. C. J. bei seinem Besuch in Erfurt noch so alles gemacht hat, erfährt man freilich nicht. Der Steinmetz jedenfalls hatte danach genug zu tun, und wie er die drei Anfangsbuchstaben der erzbischöflichen Vornamen miteinander verknüpft hat, verdient Respekt!

Ostseite des Domplatzes

Der ***Minerva-Brunnen*** auf der südlichen Platzseite ist ein alter öffentlicher Laufbrunnen. Mehr als fünfzig von diesen für die Trinkwasserversorgung genutzten Brunnenstellen hatte es einmal gegeben. Die barocke Minerva von 1784 ist eine spätere Zutat. Sie gab es auf dem Brunnen zu preußischer Zeit noch nicht.

Das markanteste Gebäude am Domplatz ist das ***„Gasthaus Zur Hohen Lilie“*** (Nr. 31) an der Südseite. Hier zechten 1341 ein aus Braunschweig angereister Herzog und ein Erzbischof aus Bremen miteinander. Der Hinweis auf diese Begegnung adelt das Haus und macht es zu einem der ältesten Gasthäuser Europas. 1538 ließ es der damalige Hausbesitzer Hans Ludolf umbauen. Dabei wirkte er (Fecit haec ipsa domus) nach Kräften am neuen Entwurf mit. Weil Ludolf im Hauptberuf Goldschmied war, erinnert der Umbau auch prompt an einen „in Stein gehauenen Goldschmiedeschrank“. Über dem Kämpfer ist das Hauszeichen zu sehen, die Medaillons bilden Christus und Paulus ab. Dieses hohe Haus mit seiner klaren Gliederung und seinem prächtigen Portal behält man einfach im Kopf.

Luther erschien 1522 in seiner Junker-Jörg-Verkleidung im Gasthaus und Gustav Adolf II. von Schweden hatte hier von 1631 bis 1632 sein ständiges Quartier. Im Zweiten Weltkrieg wurden die Nebengebäude zerstört. In den Sechzigerjahren feierte das restaurierte Haus seine gastronomische Auferstehung. Eine Tafel, die inzwischen auch schon „historisch“ geworden ist, erinnert daran. Auf dem Wege zur Lilienkeller-Toilette erfährt man somit: „Die Hohe Lilie wurde 1969 zu Ehren des 20-jährigen Bestehens der DDR als sozialistische Gaststätte übergeben.“ Und woher man auch kommen mag, jeder wird angesichts dieses Tafel-Textes schmunzelnd an etwas anderes denken können ...

Die Häuser „Zur Hohen Lilie“ und „Zur Lamprete“

Das zweigeschossige Fachwerkhaus zur Linken, das ***„Haus zur Lamprete“*** (Nr. 30), war von 1510 bis zum Jahre 1990 eine Apotheke und ist heute ein Restaurant. Die barocke Stuckdecke im Gastraum erinnert an vergangene Zeitläufte. Auch dieses Erfurter Haus hat eine lange Geschichte, die bis ins Mittelalter reicht, als hier ein Klosterhof bestand.

Zwischen Dom und Fischmarkt

Erfurts Altstadt ist eine einzige Verlockung! Durch welche Straße man auch geht, in welche Gasse man sich ziehen lässt, auf welchem Platz man gerade steht, immer wird man etwas Überraschendes entdecken, das man so vielleicht noch nie gesehen oder an dieser Stelle einfach nicht erwartet hat.

Waidspeicher mit Theater und Stadtmusikantenbrunnen von 1979

Waidhäuser

Die schmale Mettengasse führt an der Ostseite des Domplatzes zum Archehof. Im *„Waidspeicher"* lassen sie die Puppen tanzen! Und dies mit schöner Regelmäßigkeit und bestem Erfolg. Im Erdgeschoss des gotischen Bauwerks hat das Erfurter ***Puppentheater*** sein Domizil und in der Etage darüber „Die Arche", ein 1979 gegründetes ***Kabarett***. An beiden Spielstätten blicken die Zuschauer in das respektable Gebälk eines Waidspeichers. Theater im Waidspeicher. Das dürfte einmalig sein. Weltweit.

i S. 84

Waidhandel. Erfurts wirtschaftliche Entwicklung ist mit einem Kreuzblütler namens Isatis tinctoria verbunden. Die Blätter dieser Waidpflanze eignen sich bestens zum Blaufärben (S. 5). War die Erntezeit heran, wurden die Blätter in Waidmühlen zerquetscht. Frauen und Kinder formten dann faustgroße Bälle (Ballen), die an die Waidjunker verkauft wurden, denn nur diese besaßen in der Stadt das Privileg zur Weiterverarbeitung. Zum Lagern und Aufbereiten der Ballen dienten die Waidhäuser mit ihren hohen, gaupenbesetzten Dächern. Mit Beginn der kalten Jahreszeit wurde der Ballenwaid von Waidknechten zerstoßen, über Wochen hinweg mit einem Gemisch aus Urin und Wasser getränkt und zur Gärung gebracht. In diesen Zeiten stank der Reichtum in den Waid-Vierteln regelrecht gen Himmel!
Es wäre also denkbar, dass das mittelalterliche Erfurt an einigen Wortschöpfungen nicht ganz unbeteiligt war. Ein erfolgreicher Waidhändler war eben „stinkreich". Wo mit Waidpulver gefärbt wurde, musste man sich in Geduld üben, denn was da aus dem Kessel kam, war keineswegs blau. Dieser Wandel vollzog sich erst an der Luft. Und das konnte dauern. Wenn man dann ob des Herumstehens und Wartens gerügt wurde, gab es nur eine schlüssige Antwort: „Ich mache blau!"

In der Großen Arche

S. 64

Auch das **Naturkundemuseum** (Große Arche 14) ist in einem ehemaligen Waidjunkerhof aus dem Jahre 1577 untergebracht (S. 93).

Das Eckhaus **„Zum Sonneborn"** (Große Arche 6) wurde 1546 für einen Waidjunker erbaut. Als man in den 1980er Jahren mit der Sanierung begann, waren nur noch das ***Renaissanceportal*** und das prachtvoll ausgemalte ***Bohlenzimmer*** darüber zu retten, dazu einige Fachwerkteile und die Sgraffiti am Erker. Diese stellen die Eitelkeit und die Gerechtigkeit dar. Während der Bauarbeiten wurde die mittelalterliche Haus-Quelle freigelegt. Das schmiedeeiserne ***Brunnenhaus*** darüber schuf der Thüringer Künstler Günther Reichert. Für sein Werk verwendete er alte Materialien und zeitgemäße Formen.

Das ehemalige Waidjunker-Haus ist nur von außen zu besichtigen. Es sei denn, man will zum Standesamt. Die beiden verschlungenen Ringe im Erdgeschoss sind eine moderne Zutat zum Hochzeitshaus, und dass sie an einem vergitterten Fenster angebracht sind, hat bislang noch keinen Heiratswilligen verschreckt.

Eingang Haus „Zum Sonneborn"

Predigerkirche

S. 64

Durch die Kleine Arche gelangt man zur Predigerkirche. Die Dominikaner, die leidenschaftliche Verkünder waren, wurden „die Prediger" genannt. Von ihrem einst sehr großen und reichen Erfurter Kloster haben die Kirche sowie der Ostflügel mit dem Refektorium (heute als Winterkirche genutzt) und der Kapitelsaal die Zeiten überdauert.

Die frühgotische Predigerkirche St. Johannes ist Erfurts größtes evangelisches Gotteshaus. Unter den Bettelordenkirchen Deutschlands nimmt sie eine herausragende Stellung ein. Fünfzehn Kreuzgewölbe spannen sich über den hohen Raum, deren reich verzierte Schlusssteine auf die an der Finanzierung beteiligten Spender verweisen.

Hoher Chor mit Turm

Mit dem Bau der Predigerkirche wurde nach 1270 begonnen. Neuesten dendrochronologischen Untersuchungen zufolge besitzt sie Deutschlands ältesten noch original vorhandenen und datierbaren ***Kirchendachstuhl (1272)***. Den kann man – wie den Glockenturm aus dem 15. Jahrhundert – besichtigen (Führungen auf Anfrage).

S. 64

Der Lettner stammt von 1410. An der Chorschranke findet man eine kräftig gebaute Madonna mit Kind. Diese sogenannte ***„Schmedestedtsche Madonna"*** entstand um 1350 und gilt als das „früheste Werk einer neuen Diesseitigkeit und Körperlichkeit" im mitteldeutschen Raum. Ungewöhnlich ist der Christus auf ihrem Arm, der koboldhafte Züge trägt. Der doppelflüglige Schnitzaltar im Chor wurde 1492 vollendet.

Künstlerisch bedeutsame Grabplatten lehnen an den Wänden. Die lang gestreckt wirkende ***Orgel auf der Westempore*** zeichnet sich durch feine Gliederung und reiches ornamentales Schnitzwerk aus. Der Prospekt stammt von 1648, das Orgelwerk von 1977. In der Predigerkirche sind Kunstwerke aus sieben Jahrhunderten versammelt, darunter das Tafelgemälde Kalvarienberg und das riesige Sandsteinepitaph für Anna und Jacob Naffzer, der am Fischmarkt das Haus „Zum Roten Ochsen" erbauen ließ (S. 43).

Mit dieser Kirche und dem ehemaligen Predigerkloster ist der Name

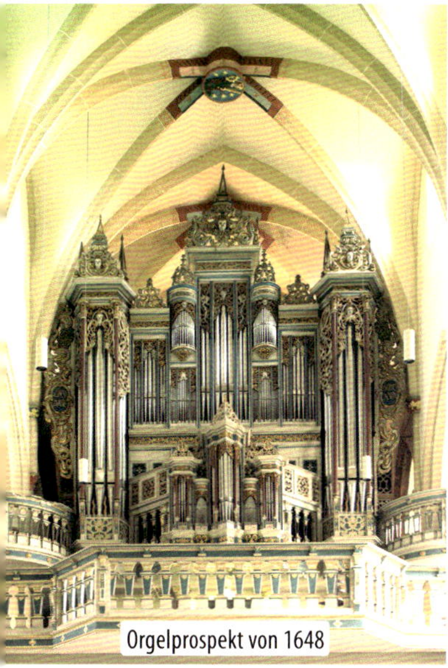

Orgelprospekt von 1648

von Meister Eckehart (1260-1327) verbunden. Der aus Thüringen stammende Dominikaner war fünfzehnjährig nach Erfurt gekommen und in das Kloster der Dominikaner eingetreten. Später studierte er unter anderem in Paris und hielt seine Predigten lange vor Luther auf deutsch.

Die Bronzetür, durch die das Licht spaltbreit in die Kirche fällt, wurde erst 1999 in das vermauerte Nordportal eingefügt. ***„Homage auf Meister Eckehart"*** nannte der Berliner Bildhauer Siegfried Krepp sein 1992 entstandenes Werk. Die Textzeilen hat Krepp sehr fein mit Disteln unterlegt. Sie sollen an den dornigen Weg des mutigen Mystikers erinnern und die zur Gestaltung eingesetzten „Leiterplatten" auf der Tür an den großen Philosophen.

Ebenfalls an der Nordseite weihten Erfurter Bürger am 10. November 1911 im Beisein des schwedischen Gesandten den *Gustav-Adolf-Brunnen* ein. Der Schwedenkönig Gustav II. Adolf (1594-1632) war der Führer der protestantischen Liga. Während des Dreißigjährigen Krieges hatte er sich in Erfurt aufgehalten und der Stadt so manche Wohltat erwiesen. Der Text auf dem Schriftband stammt aus seinem Lieblingslied: „Verzage nicht, du Häuflein klein ..."

Ganz in der Nähe befindet sich der *Paulsturm*. Tipp: Am jährlich stattfindenden Tag des „Offenen Denkmals" herrscht vor dem ansonsten geschlossenen Turm stets großer Andrang. Dieser viergeschossige Riese, an dem ein halbes Haus mit dem „Café Paul" klebt, macht einem so richtig bewusst, wie stattlich die Kirche gewesen sein muss, die sich in Nachbarschaft und Konkurrenz zur Predigerkirche befand.

Meister Eckehart hatte viele Jahre als Mönch und Prior in Erfurt gelebt. Er war ein wirkungsmächtiger Prediger und ging als bedeutender theologischer und philosophischer Denker des Mittelalters in die Geschichte ein.
Gegen Ende seines Lebens warf man ihm Irrlehre und Abweichung vor. Auf dem Wege zum geistlichen Tribunal in Avignon und noch vor Abschluss des Verfahrens starb er. Das hinderte Papst Johannes XXII. nicht daran, einige seiner Aussagen noch nachträglich zu verurteilen und die betreffenden Werke zu verbieten.

Turm der Paulskirche

Beim Stadtbrand von 1736 brannte die Paulskirche aus und wurde 1759 abgerissen. Der Kirchturm stammt von 1465, das vierte Geschoss mit den rundbogigen Schallöffnungen kam 1737 dazu. Dass man die Glocken im Turm der verschwundenen Paulskirche für die Predigerkirche läuten lässt, ist typisch für die Erfurter und einfach ein schöner Zug.

Marktstraße

Auch in der Marktstraße, die den Domplatz mit dem Fischmarkt verbindet, sollte man aufpassen, dass einem bloß nichts entgeht! In dem Barockhaus ***„Zum Großen Pflug und Großen Siebenbürgen“*** (Nr. 21) wohnte während des Fürstenkongresses im Herbst 1807 der bayrische König Maximilian (S. 7). Grund genug, die Räume im ersten Obergeschoss mit Empirestuckdecken zu verschönern. Das Anwesen vereint in sich drei gotische Kernbauten.

In der heutigen Bibliothek können sich Kinder und Jugendliche mit Lesestoff versorgen. Tipp: An der linken Schaufensterscheibe bleiben jedoch Jung wie Alt verzückt stehen, wenn sie das ***mechanische Puppenspiel*** des Erfurter Puppenschnitzer Martin Gobsch entdeckt haben. Nach Einwurf einer Münze öffnet sich der rote Vorhang und die Vorstellung beginnt.

Das Haus vis-à-vis (Nr. 34) gehörte einem gewissen Gottschaeffsky, der vermutlich im Staatsdienst stand, worauf die Krone über dem Portal hindeutet. Die Bierlöcher neben dem Eingang sehen aus wie das Nadelkissen einer Riesin. Bier wird hier nicht mehr gebraut und Tauben erfahren, was man in einem solchen Portal-Loch tunlichst unterlässt.

Im Haus ***„Zum Güldenen Schwanenring“*** (Nr. 38) befanden sich bis 2019 Deutschlands ältestes Fleurop-Geschäft und der Stadtsitz der Firma Chrestensen – neben Benary, Haage, Heinemann, Martin und Schmidt einer der traditionsreichen Gartenbaubetriebe der Stadt (S. 8).

Das Gasthaus ***„Zum Güldenen Rade“*** (Nr. 50) hat im Hof eine Tabaksmühle aus dem 18. Jahrhundert.

Allerheiligenstraße

Wo die Allerheiligenstraße und die Marktstraße zusammenstoßen, steht eine Kirche mit trapezförmigem Grundriss. Und der entspricht exakt dem Verlauf der Straßenflucht.

Die römisch-katholische ***Allerheiligenkirche*** wurde im 12. Jahrhundert als Kloster- und Hospitalkirche gegründet und später gotisch umgebaut. Ihr Turm ist der höchste Kirchturm in der Altstadt. Im Vorraum steht die Kirche zu Gebet und Besichtigung offen.

Seit 2007 befindet sich im nördlichen Kirchenschiff ein von der Erfurter Künstlerin Evelyn Körber entworfenes Kolumbarium für Christen und Nichtchristen. Fünfzehn übermannshohe Kalkstein-Stelen mit jeweils zweiundvierzig Urnenfächern stehen hinter einer Glaswand. Einmalig vermutlich in einer katholischen Kirche. Zu seinen Angehörigen kommt nur, wer die richtige Chipkarte besitzt.

Von der ursprünglichen ***Engelsburg*** (Nr. 21), die der Mediziner Georg Sturz 1511 erworben hatte, sind nur noch die Nebenhäuser vorhanden. Im gastronomisch genutzten Steinhaus stammt das Gebälk von 1125. Der mittelalterliche Keller und die Obergeschosse wurden bereits 1968 zu einem ***Studentenklub*** ausgebaut, in dem heute reges, auch studentisches Leben herrscht. i S. 84

Georg Sturz, Rektor der Universität, förderte die Humanisten. Einige wohnten bei ihm und die als Streitschrift gedachten „Dunkelmännerbriefe", an denen auch Ulrich von Hutten, der „Ritter unter den Humanisten", mitgearbeitet hatte, wurden hier verfasst. Der „Humanisten-Erker", der zur Kirchhofsgasse hin liegt, war der Versammlungsraum – zumindest will es die Überlieferung so.

Wappen am Haus „Zum Turniere". Beim Auf- und Abwärtsbummeln in der Allerheiligenstraße lohnt auch der Weg in die abzweigende Turniergasse. Hier wohnte der als Narr bekannte *Eulenspiegel* (S. 49).

Wenn man des Nachts in der Allerheiligenstraße einem ins Horn blasenden Nachtwächter, einem Mönch mit übergeworfenem Bettelsack oder einem orientierungslosen Studenten begegnete, man würde sich kaum wundern. Die Straße ist eine der ***anheimelndsten Gassen*** der Altstadt. Nahezu jedes Haus hätte es verdient, dass man es eines Blickes würdigt.

Das dreigeschossige Wohnhaus ***Zur Windmühle*** (Nr. 6) aus der Mitte des 16. Jahrhunderts besticht mit seiner ausgewogenen Fassadengestaltung, den schmucken Fenstergewänden und dem hölzernen Renaissancetor. Die beiden Portallöcher verweisen darauf, dass hier Bier gebraut wurde. Zeitweise besaßen in Erfurt über sechzig Anwesen das Biereigenrecht, also die Lizenz zum Bierbrauen. Diese gab es freilich nur bei entsprechender Qualität. Und wenn das Bier, oder wie der Erfurter sagt, die Schlunze fertig war, signalisierte Stroh in den Portallöchern: Es kann gekauft werden!

Als das ***Haus „Zum Güldenen Sternberg"*** (Nr. 8) gebaut wurde, ging dem Besitzer wohl zwischenzeitlich das Geld aus. Mit dem 1519 begonnenen Bau war man erst 1537 fertig. Das erklärt den Renaissanceeinfluss am spätgotischen Tor.

Im ***Haus „Zum Güldenen Stern"*** (Nr. 11) wurde 1473 der erste Ablassbrief gedruckt. Damit ist Erfurt der älteste deutsche Druckort nördlich der Main-Linie, was vermutlich der engen Verbindung zu Mainz geschuldet ist, wo Gutenberg den Buchdruck erfand.

Details am Haus „Zum Güldenen Stern"

Fischmarkt

Der Fischmarkt ist ein fröhlicher Platz! Das hat nicht zuletzt mit den heiter wirkenden Fassaden mancher Gebäude zu tun. Hier herrscht ein ständiges Kommen und Gehen. Touristengruppen, die zur Krämerbrücke wollen, begegnen denen, die mit ihrem Gästeführer schon auf dem Wege zum Dom und zu St. Severi, zum Hochzeitshaus in der Großen Arche oder in die geheimnisvollen Gänge am Petersberg sind.

Auf dem Fischmarkt hält auch die Stadtbahn. Und wenn diese, vom Anger kommend, in die Marktstraße einbiegt, dann tut sie das so geräuscharm, so rücksichtsvoll und elegant, dass sich niemand belästigt fühlt.

Der Platz lädt zum Verweilen ein. Straßenmusikanten packen gern mal ihre Instrumente aus. Man kann ein ***bronzenes Stadtmodell*** am Rathaus anschauen und ein Denkmal für ***„Bernd das Brot"***, eine der beliebtesten Kultfiguren aus dem Erfurter Kinderfernsehkanal (⚲ S. 92).

Der Fischmarkt, auf dem in früheren Jahrhunderten auch Fische feilgeboten wurden, ist einer der ältesten Handelsplätze der Stadt. Als „forum piscium" taucht er erstmals im Jahre 1293 auf. Über ihn führte einst die berühmte Via regia. Hier stand auch Erfurts erstes Rathaus.

Wer an diesem Platz sein Haus hatte, gehörte zur Oberschicht und wollte seinen Reichtum zeigen. Deshalb entstanden während Erfurts „Hoch-Zeit" im Mittelalter am und um den Fischmarkt herum so prachtvolle Bürger- und Handelshäuser.

Fischmarkt

Haus „Zum Roten Ochsen“

„Zum Roten Ochsen“

Einer der mitelalterlichen Bauherren hieß Jacob Naffzer. Er war Ratsherr und Waidhändler und ließ im Jahre 1562 das Haus „Zum Roten Ochsen“ (Nr. 7) errichten. Die großartige Renaissancefassade zieht sofort die Blicke auf sich.

Der Eingang des dreigeschossigen Traufenhauses ist mit einem dorischen Schmuckportal versehen. Die naiven Figurenfriese personifizieren die sieben römischen Wochentage auf der einen, die griechischen Musen auf der anderen Seite. Da sind zur Linken Saturn und der Kriegsgott Mars mit dem erhobenen Schwert dargestellt, Jupiter, die strahlende Sol, die herztragende Venus, Luna und Merkur. Zur Rechten sieht man Euterpe, Klio, Thalia, Erato, Polyhymnia, Melpomene, Terpsichore und Urania, die Muse der Sternenkunde.

Auf dem Giebel hält ein römischer Streiter sein Fähnlein in den Wind. Hinter den Initialen GAF verbirgt sich die „Galerie am Fischmarkt“ (heute ***„Kunsthalle Erfurt“***), die hier seit den 1970er Jahren ihr Domizil hat. Liebhaber moderner und zeitgenössischer Kunst kommen hier mit Ausstellungen, Führungen und Vorträgen sicher auf ihre Kosten.

i S. 64

„Zur Güldenen Krone“

Das dreigeschossige Haus Nr. 6 wirkt im Vergleich zu seinem Nachbargebäude mit dem lächelnden Ochsen geradezu schlicht. In den zurückliegenden Jahrhunderten wurden verschiedene Umbauten vorgenommen.

Bezüglich seines Alter und seiner Geschichte muss sich dieses Haus neben den anderen aber keineswegs verstecken. An den alten Namen erinnert die Inschrift hoch oben im Giebelfeld; die Zahl auf dem Schlussstein des mittleren Eingangs gibt das Jahr der Erbauung preis: 1488, denn die wie eine Zange nach unten geöffnete Acht ist eine Vier.

Im Haus „Zur Güldenen Krone“ befand sich ab 1615 die Niederlassung der Reichspostdirektion von Thurn und Taxis. 1912 und zuletzt in den Neunzigerjahren wurde das ehemalige Waidhändlerhaus erneut umgebaut. An den Decken im Inneren haben sich Reste floraler Balkenbemalung aus der Spätgotik und der Renaissance erhalten.

Haus „Zur Güldenen Krone“

„Ratskeller"

1477 übernahm die Stadt das aus dem 13. Jahrhundert stammende Haus „Zum Lauenstein" (Nr. 5) und machte ein Gasthaus daraus, in dem auch Fremd-Biere wie das Torgauer ausgeschenkt werden durften. Der Zustand des Gebäudes war 1990 so desolat, dass nur die Fassade und einige Außenwände in das 1995 eingeweihte Wohn- und Geschäftshaus integriert werden konnten.

An frühere Zeiten erinnern das „Torgauer Gewölbe" und der „Lauenstein-Tunnel" im verwinkelten Erfurter Braukeller (am Ende der Passage), in dem heute Familien oder Firmen in wunderschönem Ambiente ihre Feste feiern.

„Zum Breiten Herd"

Auf der anderen Seite des Platzes kommt man am Haus Nr. 13-16 nicht vorbei, ohne den Schritt zu verlangsamen und den Kopf zu heben! Die Fassade ist üppig geschmückt und die Vielfalt verwirrt ein wenig.

Über dem Erdgeschoss sind die fünf Sinne dargestellt: Visius, das durch den Spiegel angedeutete Sehen, Auditus, das Hören, Odoratus, das Riechen, Gustus, das Schme-

„Haus zum Breiten Herd"
mit später angebautem Gildehaus (rechts)

cken, und Tactus, das Fühlen. Diese allegorischen Darstellungen werden auf dem Fries am Nebenhaus mit den menschlichen Tugenden fortgesetzt: Mit Gerechtigkeit und Klugheit, mit Bescheidenheit und Mut.

Der Architekt Carl Frühling, der auch Schloss Wernigerode umgebaut hatte, lieferte die Pläne für das Haus. Und dass es von 1883 stammt und damit dreihundert Jahre jünger ist als das Haus zur Linken, das 1584 für den Ratsmeister und Stadtvogt Heinrich von Denstedt errichtet wurde, mag man nur schwer glauben.

Das Haus „Zum Breiten Herd" wird, wie das mit ihm verbundene sogenannte Gildehaus, im Erdgeschoss gastronomisch genutzt. Das Gildehaus ist zugleich Sitz der Erfurter Handwerkskammer. Tipp: Man sollte nicht versäumen, seitlich durch das hohe schmiedeeiserne Tor zu treten, um sich in der ***„Gläsernen Werkstatt"*** im Innenhof bei der Glasrestauratorin Sandra Meinung umzuschauen.

Standbild

Ein besonderer Anziehungspunkt ist die dem Rathaus zugewandte 1,90 Meter große und teils vergoldete Sandsteinfigur. Der niederländische Bildhauer Israel von der Milla schuf sie 1591 in städtischem Auftrag. Auf den ersten Blick erinnert der die Stadtfahne tragende römische Krieger an eine Rolandfigur, die im Mittelalter gemeinhin als Indiz für städtische Freiheit galt.

Die ungewöhnliche Gewandung gibt allerdings Rätsel auf und am Bein lehnt sein Schild mit dem Erfurter Wappen-Rad. Damit könnte

Relief am „Haus zum Breiten Herd"

– zumindest verschlüsselt – auf den Balanceakt zwischen Erzbistum und Stadt verwiesen sein. Denn was für die einen der „Roland" oder der die Stadtrepublik präsentierende römische Krieger war, wurde den anderen als Heiliger Martin verkauft. Und gegen den konnte man nun wirklich nichts einwenden. Er war schließlich der Schutzheilige von Bistum und Stadt und in seinen besten Jahren Angehöriger des römischen Militärs!

Römischer Krieger auf dem Fischmarkt

Rathaus

Das höchste Gebäude am Fischmarkt ist das Rathaus. Und selbst wenn man keine Behörde aufsuchen will und für Verwaltungspaläste rein gar nichts übrig hat: Der Besuch des Erfurter Rathauses ist einfach ein Muss! An keiner anderen Stelle trifft man schließlich so konzentriert auf die Geschichte der Stadt und der Thüringer Sagenwelt wie hier.

i S. 64

Baugeschichte. Das Gebäude entstand zwischen 1870 und 1875 im neugotischen Stil an der Stelle eines maroden Vorgängerbaus. Mit dem konnte man im Zeitalter des industriellen Aufschwungs nicht mehr renommieren. Er fiel der Spitzhacke zum Opfer, obschon sich auch der königlich-preußische Baumeister Karl Friedrich Schinkel für den historischen Altbau begeistert hatte. Schinkel unterbreitete einen Vorschlag, der das frühere Rathaus mit einbinden sollte. Dieses – 1275 erstmals als „curia consulum“ erwähnt – war ursprünglich als Kauf- und Versammlungshaus errichtet und immer wieder erweitert worden.

Der Neubau stützte sich auf Pläne des Erfurter Stadtbaurates Theodor Sommer. Am 6. Januar 1870 wurde der Grundstein gelegt. Eine erste Einweihungsfeier gab es bereits im Dezember 1875, sechshundert Jahre nach der Ersterwähnung des Vorgängerbaus. Die große Einweihungszeremonie fand dann am 6. Juni 1882 statt. Zu diesem Zeitpunkt war auch die Ausgestaltung des Festsaals abgeschlossen.

Mit dem Neubau am Ende des 19. Jahrhunderts war das Kapitel Rathaus noch längst nicht ad acta gelegt. Der Anstieg der Bevölkerungszahl verlangte mehr Beamte und damit zusätzliche Räume. 1904 wurde der Ostflügel verlängert. 1934 folgte der nächste Erweiterungsbau mit einem dritten Treppenhaus und dem Sparkassengebäude. Hier hatte der Stadtoberbaurat Johannes Klaß im Stile der Neuen Sachlichkeit einen architektonisch mutigen Übergang zwischen Rathaus und angrenzenden Gebäuden hergestellt.

Besichtigung. Eine Kostbarkeit ist der *Festsaal* im zweiten Obergeschoss. Er lebt in der Hauptsache von dem großartigen ***Gemäldezyklus zur Erfurter Geschichte***, den Peter Janssen (1844-1908), Professor an der Düsseldorfer Kunstakademie, zwischen 1878 und 1882 schuf. Hier begegnet man auch dem die Kulteiche fällenden Bonifatius (S. 4).

Das Gemälde im Zentrum der Decke fertigte der Kunstmaler Hermann Schapper aus Hannover. In der Mitte ist das ***Erfurter Wappen*** dargestellt: ein silbernes Rad auf rotem Grund, flankiert von zwei eindrucksvollen heraldischen Figuren.

Im Festsaal stehen einige ***lebensgroße Plastiken***, so die Justitia und die Industria. Die Rückenlehnen der ***Eichenbänke*** entpuppen sich als interessantes Studienobjekt. Hier

Rathaus am Fischmarkt

Gemälde an der Festsaalsdecke

sind die Namen, die Wappen und gelegentlich auch die Symbole jener Persönlichkeiten eingeschnitzt, deren Biographien und Taten einen engen Bezug zur Stadt haben.

Die ***Bilder*** in den Korridoren und im *Treppenhaus* stammen von dem 1858 geborenen Historienmaler Eduard Kämpffer. Dargestellt sind unter anderem Szenen aus der Tannhäuser- und der Graf-von-Gleichen-Sage (🔎 S. 88), aus dem Leben von Martin Luther (🔎 S. 6) und von Dr. Johann Faust, der sich ebenfalls in Erfurt aufhielt.

Im *Erweiterungsbau* von 1934 ist die Sparkasse untergebracht. Die Plastiken an der Schauseite schuf der Erfurter Bildhauer Hans Walther. Und da sie nun mal an einer Sparkasse angebracht sind, rufen sie bei aufmerksamen Passanten doch ein Schmunzeln hervor. Von links nach rechts betrachtet, begegnet man nämlich der Gefräßigkeit, der Eitelkeit, der Dummheit und Faulheit, dem Neid und dem Geiz. Die Tierkreise an den Fensterkehlen symbolisieren das Auf und Ab im menschlichen Leben, das Eck-Relief erinnert an die Verantwortung für in Not Geratene.

Hinter dem Rathaus

An der Stadtmünze befindet sich das prächtige Steinhaus *„Zum Großen Paradies und Esel"*. Es entstand 1469 und diente mit seinem Fachwerkaufbau vor allem als Handels- und Lagerhaus. Das linke Wappen verweist auf die Familie Kellner, das rechte auf die Marggräffes, die Waidhändler waren.

Die schmale kurze Gasse, die hier beginnt, endet am Wasser. Mit dem klassizistischen Gebäude An der Stadtmünze 4/5 verbindet sich eine besondere Geschichte. Es diente ab 1840 als *„Kleine Synagoge"*. Doch schon bald genügten der wachsenden jüdischen Gemeinde Erfurts die Räumlichkeiten in dem Haus nicht mehr. 1884 wurde am Karthäuserring die Große Synagoge eingeweiht. Das nicht mehr benötigte Haus erwarb ein Kaufmann, der es zu einem Lager für Spirituosenfässer und Essenzen umbaute.

Haus „Zum Großen Paradies und Esel“

Da das Gebäude von 1918 an als Wohnhaus genutzt wurde, entging es in der Reichspogromnacht am 9. November 1938 der Zerstörung. Anlässlich des 60. Jahrestages der Pogromnacht öffnete die „Kleine Synagoge“ als ***Begegnungsstätte***. Im Kellergeschoss werden vier Modelle der drei jüdischen Gotteshäuser und die Entwicklung der Erfurter Gemeinde unter anderem am Beispiel der Schicksale jüdischer Familien seit dem 19. Jahrhundert gezeigt.

i S. 64

Schließlich trifft man in der Rathausgasse auf *das Steinerne Haus*, das zum Erfurter Welterbe gehört (S. 10). Für das Bau-Ensemble aus der Mitte des 13. Jahrhunderts ist wenige Jahrzehnte später ein jüdischer Besitzer nachweisbar. Die im Obergeschoss erhaltene, ***europaweit einmalige Ausstattung*** beeindruckt besonders durch die farbig gefasste Holzbalkendecke (1241/42) mit abwechslungsreicher Ornamentik. Allerdings ist eine Besichtigung nicht möglich, solange die 2015 begonnenen Forschungs- und Sanierungsarbeiten andauern.

Die *Stele für Till Eulenspiegel* steht vor dem Haus „Zur Narrenschelle“ – nicht ohne Grund. Hier hat die Erfurter Karnevalsgesellschaft ihr Domizil. Eulenspiegel war eine Wette mit den Erfurter Professoren eingegangen. Er behauptete, „jeglicher Kreatur“ das Lesen beibringen zu können, legte ein Liederbuch in die Raufe eines Esels und streute ein paar Haferkörnchen zwischen die Seiten. Das kluge Tier „blätterte“, und als es fertig war, schrie es mehrfach: „I-a! I-a!“ Da musste es nur noch die anderen 24 Buchstaben lernen.

An der Krämerbrücke

Die Krämerbrücke ist Deutschlands einzige bebaute und bis heute bewohnte Steinbrücke. Sie wurde schon 1156 erwähnt, ist 120 Meter lang, 19 Meter breit und bis zu den Hausfirsten durchschnittlich 25 Meter hoch. Das steinerne Bauwerk über dem Wasser der Gera, die hier Breitstrom heißt, verbindet den Benediktsplatz mit dem Wenigemarkt.

Der ***Benediktsplatz***, an dem auch die Touristinformation (S. 30) zu finden ist, zeichnet sich unter anderem durch zwei bemerkenswerte, hohe Fachwerkhäuser aus. Dass sich in der vorgesetzten Glasfassade eines modernen Cafés die historischen Bauten des Platzes widerspiegeln, hat etwas Versöhnendes.

Wie in alten Zeiten, so wird auch heute auf der Krämerbrücke gehandelt. Reizvolle Lädchen, Galerien und Werkstätten reihen sich aneinander, dazwischen das Haus der Stiftungen. Während des Mittelalters standen 62 Häuser auf der Brücke. Die waren allerdings so schmal, dass man bestrebt war, das Häuschen des Nachbarn mit zu übernehmen und beide Gebäude zu vereinen.

Auf der Krämerbrücke können selbst Großmütter ihre Enkel zum Staunen bringen. Im ***„Haus der Stiftungen“*** (Nr. 31) hat der Architekt ein gläsernes Guckloch in den Boden eingelassen. Durch das blickt man gewöhnlich aufs Wasser des Breitstroms, während des Sommers aber zuweilen auch ins Gesicht einer pfiffigen Großmutter, die mal schnell durchs ausgetrocknete Flussbett geeilt ist und dann, zur Verblüffung der Enkelkinder, winkend unter dem „Bullauge“ des Brückenhauses steht!

i S. 64

In dem aufwendig restaurierten und rekonstruierten Haus informieren die Stiftungen, denen das Bewahren der Krämerbrücke und der Denkmalschutz in Erfurt am Herzen

Am Benediktsplatz

Blick in die Krämerbrücke mit ihren reizvollen kleinen Lädchen

Barockes Steinhaus

liegen, über ihre Arbeit. Hier erfährt man auch, wie alles auf und mit dieser Brücke begonnen hat und wie es im Inneren eines mittelalterlichen Brückenhauses aussah.

Wer in den Keller hinabsteigt, findet sich in einem ausgehöhlten Brückenpfeiler wieder, und wer in den ersten Stock geht, steht in einer Bohlenstube von 1579. Ein Modell zeigt sämtliche 32 Brückenhäuser, und wenn man, um vieles klüger, das „Haus der Stiftungen" verlässt, betrachtet man draußen alles mit geschärftem Blick.

Die schon 1110 genannte und dem heiligen Benedikt geweihte Brückenkirche wurde 1810 abgebrochen. Dagegen bewahrt die zum Wenigemarkt hin gelegene wehrhafte Ägidienkirche noch das mittelalterliche Bild (Foto S. 11). 1325 war diese Kaufmanns- und Brückenkirche vollendet. Nach der Reformation fand hier kein Gottesdienst mehr statt. Die Räume dienten als Lager, als Herberge und Wohnhaus, das allmählich verfiel. Nach dem Zweiten Weltkrieg restauriert, wurde St. Ägidii 1960 als evangelisch-methodistische Kirche neu geweiht. Der sakrale Raum befindet sich im ersten Stock, der Altar im Erker.

Vom Kirchraum erfolgt der Zugang zum Turm. 128 Stufen sind zu bewältigen und der Aufstieg lässt auch den Geübtesten außer Atem kommen. Tipp: Die Anstrengung wird jedoch durch einen ***einzigartigen Rund- und Fernblick*** belohnt! Geöffnet ist von 11 bis 17 Uhr (Aufsteller vor der Tür), und wer einmal auf dem Turm Ohrenzeuge des Abendläutens der noch immer zahlreichen Kirchen geworden ist, der vergisst dieses Erlebnis nie.

Sehenswert ist auch das ***„Café Nüsslein"***. Zusammen mit dem mittelalterlichen Gotteshaus und dem Turm bildete das um 1460 erbaute Haus den Brückenkopf zum Wenigemarkt. Eine Bohlenstube im ersten Obergeschoss und die stattlichen Gewölbe und Balken darunter lassen Mittelalter-Phantasien aufkommen.

Das Areal an der Nordseite der Krämerbrücke (Foto S. 31) gehört mit seinen von Wasser umgebenen grünen Oasen ganz sicher zu den Lieblingsplätzen der Erfurter.

An einer alten Mauer sind fünf ***Reliefs zur Erfurter Geschichte*** zu sehen. Die letzte Platte zeigt eine Friedenstaube, Werktätige und fröhliche Kinder sowie zwei Personen im Kosmonautenanzug. Bei der einen wölbt sich unter dem Anzug die Brust, und wer im Osten aufgewachsen ist, weiß sofort, das können doch nur Juri Gagarin und Valenti-

Relieftafel zur Erfurter Geschichte

na Tereschkowa sein, die zuerst im All und dann in Erfurt waren! In der Horngasse befindet sich das ***ehemalige Universitätshospital*** (Nr. 4), eines der ältesten Häuser der Stadt.

Mittelalterliche Mikwe

S. 64

2007 stieß man beim Umgestalten der Grünfläche direkt am Ufer der Gera, die hier Breitstrom heißt, auf die Reste einer mittelalterlichen Mikwe, dem rituellen Bad der Juden. Im Mittelalter war die Mikwe unverzichtbar für jede jüdische Gemeinde, da nur durch das Untertauchen in „lebendigem Wasser" (natürlich und fließend) die im Alltag auf verschiedene Weise erworbenen kultischen Unreinheiten entfernt werden können. Im modernen liberalen Judentum ist das nicht mehr zwingend vorgesehen.

Die Erfurter Mikwe bestand vermutlich bereits im 12. Jahrhundert an heutiger Stelle. Der erste urkundliche Nachweis liegt für die Mitte des 13. Jahrhunderts vor. Bis zum großen Pogrom 1349 veränderten und vergrößerten die Mitglieder der jüdischen Gemeinde mehrmals ihr monumentales Ritualbad. Es gilt heute wegen seiner ungewöhnlichen Bauform als einzigartig und erhielt 2023 den Welterbestatus (S. 10).

Mittelalterliche Mikwe

Michaelisstraße

Vom Benediktsplatz zweigt auch die Michaelisstraße in Richtung Augustinerkloster ab. Sie führt durch das sogenannte „Lateinische Viertel". Fast jedes Haus erzählt hier eine spannende Geschichte. Zu Recht wird die Michaelisstraße deshalb auch Erfurts „steinerne Chronik" genannt.

„Zum Schwarzen Horn"

Das Haus Nr. 48 galt im Mittelalter als „heißer Tipp": Hier druckte Mathes Maler bereits mit griechischen Lettern. Das Geschäft mit der „Schwarzen Kunst" lief gut in Erfurt. Kein Wunder, angesichts dieser Konzentration gelehrter Männer, die ihre Erkenntnisse rasch verbreitet sehen wollten! Auch Luther ließ bei Maler drucken.

1518 erschien die erste Auflage des Rechenbuches „uff der linien" von Adam Ries. Der war mit dem Humanisten Georg Sturz (S. 39) aus Annaberg befreundet und stand als Rechenmeister in Erfurter Diensten. Sein zweites Rechenbuch kam 1522 heraus. In Erfurt verfasste Ries auch seine Algebra, die „Coß". Er schrieb deutsch und lehrte das Rechnen wie ein Handwerk. Das machte ihn populär. Die Redensart „nach Adam Riese" hält sich bis heute.

Die Bronzeplatte auf dem Fußweg zeigt einen Abakus, wie die Büste an der Fassade ein Geschenk zum 500. Geburtstag des 1492 im oberfränkischen Staffelstein geborenen Meisters, der 1559 im erzgebirgischen Annaberg starb.

Eingang des Hauses „Zum Schwarzen Horn". An der Fassade erinnert eine Büste an Adam Ries und an die Erfurter Drucktradition.

Alte Synagoge

Es mutet wie ein Wunder an: In der von ehemaligen Lagerhäusern geprägten schmalen Waagegasse, die von der Michaelisstraße abgeht, wurde Erfurts älteste Synagoge „wiederentdeckt"! Als Gotteshaus existierte sie bis zum Pogrom im Pestjahr 1349. Da wurden die Juden als „Brunnenvergifter" gebrandmarkt, erschlagen, beraubt und verjagt.

Die Synagoge, deren älteste Hölzer man auf das Jahr 1096 datiert, wurde anders genutzt und vielfach umgebaut. Zuletzt war sie Teil einer Gaststätte mit Tanzsaal und Kegelbahn. So entfremdet und umbaut, überstand das Bauwerk auch die Pogromnacht von 1938.

Als man in den 1990er-Jahren den Baukörper freilegte, erkannte man seine Bedeutung. Eine aufwendige Sanierung Deutschlands ältester bis unter das Dach erhaltener Synagoge begann. Seit 2009 ist sie ***Museum und Begegnungsstätte***. Die UNESCO verlieh vierzehn Jahre später der Alten Synagoge zusammen mit der Mikwe (S. 53) und dem Steinernen Haus (S. 49) als „Jüdisch-mittelalterliches Erbe" den ***Welterbe-Status***.

Im Inneren wird von der Baugeschichte und natürlich von dem langen und immer wieder gewaltsam unterbrochenen jüdischen Leben in Erfurt erzählt. Zu sehen sind

„Zum Güldenen Krönbacken"

Jüdischer Hochzeitsring, 1. Hälfte des 14. Jh (links) und Brosche mit Perlenrand, 2. Viertel des 14. Jh

Aus dem „Erfurter Schatz" der Alten Synagoge

unter anderem einzigartige ***hebräische Handschriften*** der alten Erfurter Gemeinde.

Ein Besuchermagnet ist der ***„Erfurter Schatz"***. Er wurde 1998 bei Bauarbeiten in der Nachbarschaft gefunden. Sein Besitzer, vermutlich ein jüdischer Kaufmann, hatte den 23. März 1349 offenbar nicht überlebt. Der 30 Kilogramm schwere Gold- und Silberfund gilt als Sensation. Er enthält Münzen aus verschiedenen Ländern, Gefäße und gotischen Schmuck. Den jüdischen Hochzeitsring muss man unter der Lupe betrachten. Weltweit sind nur drei ähnliche Exemplare bekannt.

i S. 64

„Zum Güldenen Krönbacken"

Wenn man eine Frau hat, die Anna Schwanflogelin heißt, dann muss man einfach ein Glückspilz sein! Ein solcher war der Waidjunker Ilgen Milwitz ganz offensichtlich. Wie hätte er sonst ein so großzügiges und reich geschmücktes Haus wie das „Zum Güldenen Krönbacken" (Nr. 10) errichten und betreiben können! Der

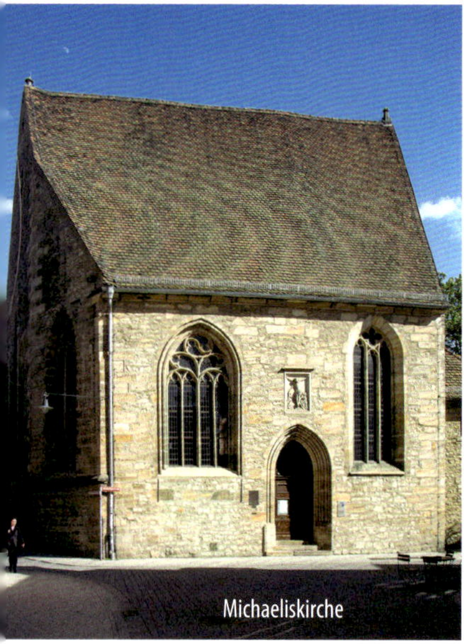

Michaeliskirche

rechte Teil des Hauses besticht durch seine Renaissancefassade. Neben dem Familienwappen und dem Jahr der Vollendung vermerkte Milwitz auch Annas Namen.

Das Torhaus stammt von 1534, und sobald man in den Hof tritt, der ein vielseitig genutzter ***„Kulturhof“*** ist, fühlt man sich Jahrhunderte zurückversetzt. Hier steht die einzige originale Waidscheune der Stadt, und die ist für Ausstellungen wie geschaffen.

S. 64

◇◇◇◇◇

Michaeliskirche

S. 64

Eine angesehene Erfurter Familie gründete die Kirche nach 1183. Zwischen 1278 und 1290 entstand das trapezförmige Hauptschiff. Die Nachbarschaft zum Collegium maius brachte es mit sich, dass das gotische Gotteshaus zur Universitätskirche erhoben und um ein Seitenschiff erweitert wurde. St. Michael war die erste evangelische Kirche der Stadt. Ein malerischer, kleiner Hof befindet sich neben der Kirche. Die Grabsteine stammen aus dem 17. bis 19. Jahrhundert.

Die sich zur Straße hin anschließende ***Dreifaltigkeitskapelle*** ließ Johann Bonemilch von Laasphe im Jahre 1500 bauen. Bonemilch war mehrfacher Rektor und später auch Bischof. 1507 hatte er den Augustinermönch Martin Luther im Mariendom zum Priester geweiht. Der Figurenschmuck am Erker zeigt neben dem knienden Bonemilch eine Mondsichel-Madonna, nach der man sich gern umdreht.

Die zur Stadtmission gehörige und von der ConnectGruppe genutzte Michaeliskirche ist ein wohltuender Ruhepunkt. Tipp: Sie lädt regelmäßig zu musikalischer ***Vesper und Besinnung*** ein, zu Hofkonzerten und mittwochs zu Orgel-Andachten. Ihre Glocke wurde im Jahre 1380 gegossen und gilt als die älteste in der Stadt.

◇◇◇◇◇

Collegium maius

Das von seiner Historie her wichtigste Gebäude in der Michaelisstraße ist das Collegium maius, das „Große Kolleg“. Nach dem Bombenangriff vom 9. Februar 1945 blieb davon allerdings nur wenig übrig.

Das ***Kielbogenportal*** stammt von 1513 und lässt eine Vorstellung von der Größe und der Wirkung des ursprünglichen Bauwerkes aufkommen. Das Erdgeschoss ist noch ein Werk der Gotik. Das wieder errichtete Stockwerk darüber, um 1550 vollendet, trägt die Handschrift der Renaissance.

Im Collegium maius saß der Rektor und lehrten die Professoren der philosophischen Fakultät. Seiner 1392 gegründeten Universität wegen wurde Erfurt auch als „Bologna des Nordens" gerühmt. Die ersten deutschen Professoren kamen aus Prag, und binnen weniger Jahrzehnte entwickelte sich die Alma mater Erfordiensis zur begehrtesten Hochschule in Deutschland. Auch Luther wusste: „Wer recht studieren will, der gehe nach Erfurt!" Das galt bis 1816. Dann wurde Erfurt preußisch und verlor seine Universität (S. 6).

Kielbogenportal am Collegium maius

1994 erfolgte deren Neugründung. Gleichzeitig begann der Wiederaufbau des zerstörten Hauptgebäudes der Alten Universität. Das „Collegium maius" wurde 2008 an die Evangelische Kirche verkauft. Die durch Fusion entstandene Evangelische Kirche Mitteldeutschlands hat hier und in dem sich anschließenden Boyneburg-Palais ihr ***Landeskirchenamt***. „Wanderer, was du mit staunenden Augen siehst, ist in Worten gesagt etwas Wunderbares" lautet einer der Texte über dem großartigen Portal. Diese Aussage trifft auch auf andere Gebäude in der Michaelisstraße und besonders auf das Nachbarhaus zu.

„Zur großen Arche Noae und Engelsburg"

Das Haus Nr. 38 stammt in seiner jetzigen Gestalt von 1568. Der Druckermeister Melchior Sachse, bei dem der „Straßburger Eulenspiegel" und Luthers erste Bibeln gedruckt worden sind, hatte es errichten lassen.

In dem Vorgängerbau wohnte eineinhalb Jahrhunderte zuvor mit Amplonius Ratinck der zweite Rektor der Universität. Er stiftete der Bildungseinrichtung seine Bibliothek. Diese ***„Bibliotheca Amploniana"*** ist eine der bedeutendsten Handschriftensammlungen des Mittelalters. Tipp: Viermal im Jahr wechselnd wird ein Exemplar im Stadtmuseum gezeigt (S. 80).

Das Haus in der Michaelisstraße gehört heute wieder der Universität. Sie unterhält hier ein „Internationales Begegnungszentrum der Wissenschaft".

Augustinerkloster

Geschichtliches. Der Orden der Augustiner-Eremiten war 1256 gegründet worden. Zehn Jahre später trafen bereits die ersten Mönche in Erfurt ein. Von der Bürgerschaft seinerzeit vertrieben, unternahmen sie 1276 einen neuerlichen Versuch. Und diesmal klappte es.

Sie gründeten ein Kloster und begannen mit dem Errichten ihrer Kirche. Die war gut fünfzig Jahre später als *dreischiffige Basilika* und gemäß den Vorschriften der Bettelorden vollendet. Da der Bau in verhältnismäßig kurzer Zeit fertiggestellt war, kamen andere Einflüsse nicht zum Tragen. Die Basilika war schlicht, turmlos und nur mit einer hölzernen Spitztonne überspannt. Doch noch heute beeindrucken ihre hohen farbigen Glasfenster (1310/30). Der Glockenturm wurde erst 1434 hinzugefügt.

In der Folgezeit entstanden innerhalb der Klostermauern noch weitere Gebäude, so im Jahre 1482 zwei stattliche *Waidhäuser*. Von 1504 bis 1516 baute man auch eine zweigeschossige *Bibliothek* für die Sammlung des Propstes Laurentius Grimme von St. Severi. Es war der letzte Neubau in der Geschichte des katholischen Augustinerklosters.

Mit der Reformation wurde die Kirche evangelisch. Die Waidhäuser wurden für schulische Zwecke umgebaut. 1561 zog das Evangelische Ratsgymnasium in das ehemalige Augustiner-Eremiten-Kloster ein und blieb hier bis zum Jahre 1820. Im malerischen *Renaissancehof* außerhalb der Klausur liegen der Waisenhausflügel von 1669 mit vorgelagertem Laubengang und Uhrentürmchen sowie das Hospiz, einer der ältesten Profanbauten der Stadt.

Romantisch und direkt an der Klostermauer entlang verläuft die *Kirchgasse*. Die ähnelt einer zusammengelegten Hose mit leichtem Knick im Knie, was ihr die volkstümliche Bezeichnung „Hosengasse“ einbrachte.

Von 1840 bis 1846 wurden nach Plänen von Karl Friedrich Schinkel ***größere Umbauten*** vor allem am Westflügel des Klosters vorgenommen. Weitere folgten wenig später. Für 1850 war nämlich das Unionsparlament nach Erfurt eingeladen worden. Auf der Suche nach einem Tagungsort entschied sich der preußische König für die Augustinerkirche. Wegen Baufälligkeit geschlossen, wurde sie nun per königlicher Order und auf Kosten des Staates um- und ausgebaut. Da man die Längsausrichtung zugunsten einer vom Mittelschiff ausgehenden Querausrichtung aufgab, entstand ein passabler Tagungsraum. Die Beratungen, wie man zu einem geeinten Deutschland kommen und welchen Part ein König dabei übernehmen könne, brachten jedoch kein brauchbares Ergebnis. Nach dem „Rückbau“ und der Ausgestaltung der Kirche wurde sie 1854 neu geweiht.

Die ***Besichtigung*** der Klosteranlage, ob geführt oder individuell mit einem von Margot Käßmann besprochenen Audioguide, ist jeden Tag möglich. Es gibt auch einige spezielle Führungen! (S. 64)

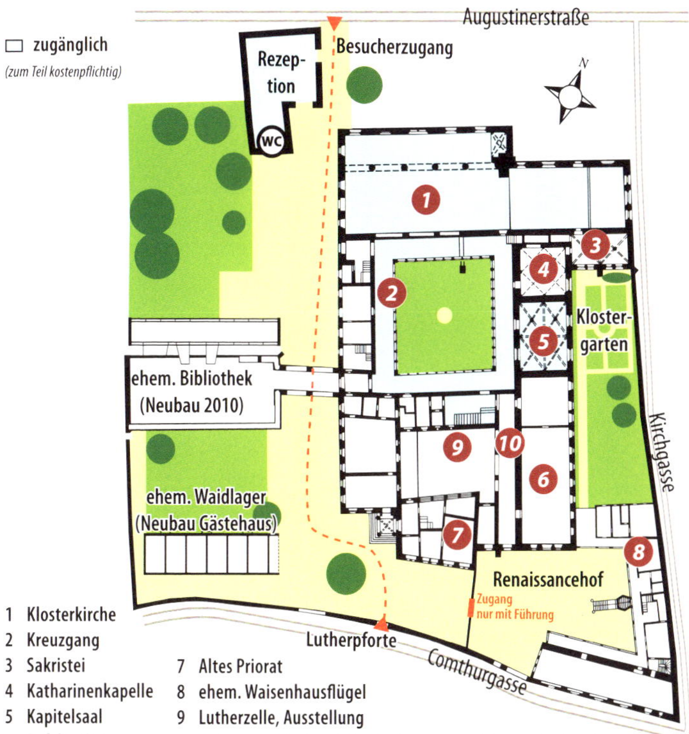

1 Klosterkirche
2 Kreuzgang
3 Sakristei
4 Katharinenkapelle
5 Kapitelsaal
6 Refektorium
7 Altes Priorat
8 ehem. Waisenhausflügel
9 Lutherzelle, Ausstellung
10 Historische Ministerialbibliothek

Zerstörung und Bewahrung. Bei der Restaurierung im Jahr 1936 konnten manche „Bau-Sünden" der Vergangenheit wieder rückgängig gemacht werden. 1945 fielen zwei englische Luftminen auf das Kloster. 267 Menschen, die im gotischen Kellergewölbe der Bibliothek Schutz gesucht hatten, kamen dabei ums Leben. Zerstört wurden auch die zur Comthurgasse hin gelegenen Waidhäuser von 1482.

Während der für das kirchliche Leben schwierigen DDR-Jahre gab es im Kloster ein evangelisches Predigerseminar. 1983 sollte der 500. Geburtstag des Reformators weltweit gefeiert werden. Aus diesem Anlass wurden die 1872 ausgebrannte ***Luther-Zelle*** und der ***Schlafsaal der Mönche*** rekonstruiert. In letzterem macht die ***heutige Dauerausstellung*** mit der Geschichte des Augustiner-Klosters, dem Alltag der Mönche, Luthers Wirken in Erfurt und der Geschichte der Bibel vertraut; ab März 2025 ergänzt um des Klosters Rolle in der Demokratie-Geschichte.

Bis 2008: Ruine der Bibliothek

Beim Rundgang kann man auch einen Blick auf die *historische Ministerialbibliothek* werfen. 1646 begründet, ist sie mit 60 000 Bänden eine der bedeutenden kirchlichen Sammlungen auf deutschem Boden.

i S. 64

Bereits lange vor der Wende war das Augustinerkloster ein Ort der Ökumene und Treffpunkt für jene, die Veränderungen und Reformen im Lande anmahnten. Im September 1989 stellten sich in der ehemaligen Klosterkirche das Neue Forum und der Demokratische Aufbruch vor. Dass sich im Zeichen des Neubeginns engagierte Bürger ab Dezember 1989 am „Runden Tisch des Bezirkes" im Luthersaal versammelten, war da nur folgerichtig.

Im Jahre 2004 wurde das Evangelische Augustinerkloster in die Liste der Kulturdenkmale mit besonderer nationaler Bedeutung aufgenommen. Zugleich ist Erfurts wichtigste Lutherstätte ein beliebtes ***Tagungs-, Beherbergungs- und Begegnungszentrum***. Von 1996 bis 2011 lebten und arbeiteten Schwestern der evangelischen Communität Casteller Ring im Kloster.

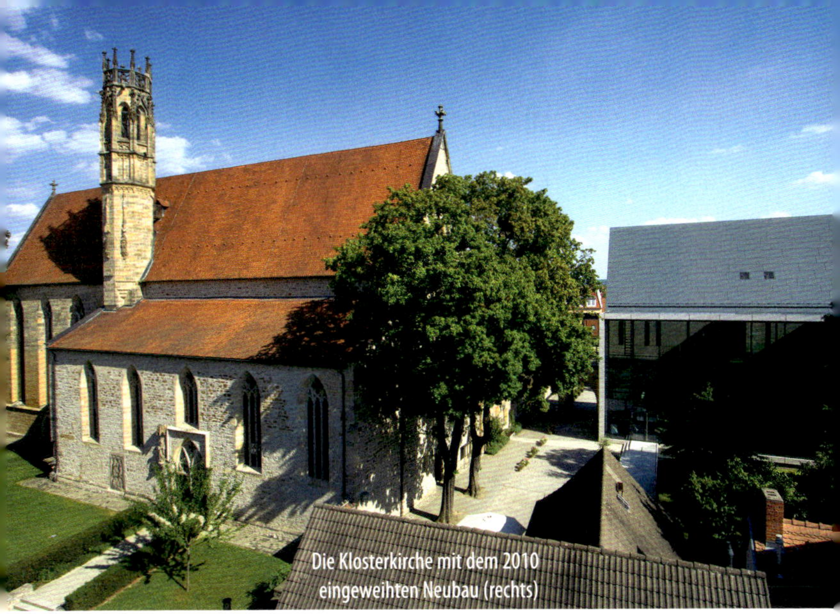
Die Klosterkirche mit dem 2010 eingeweihten Neubau (rechts)

2003 war der Wiederaufbau der im Krieg zerstörten ***Klosterbibliothek*** und der ***Waidlager*** beschlossen worden. Das an der Stelle der alten Bibliothek errichtete Gebäude wurde 2010 eingeweiht. Es beherbergt Büros und Begegnungsräume und im Keller einen Andachtsraum. Hier hat neben der Gedenkstätte für die Bombenopfer auch das ***Nagelkreuz von Coventry*** seinen festen Platz bekommen. An jedem Freitag findet an diesem Ort der Stille das obligatorische Friedensgebet statt. Wo die Waidhäuser standen, erhebt sich nun ein modernes Gästehaus.

Am 23. September 2011 trafen sich im Kapitelsaal des Augustinerklosters Papst Benedikt XVI. und Nikolaus Schneider, Ratsvorsitzender der Evangelischen Kirche in Deutschland. Der Katholik und der Protestant begegneten sich an jenem Ort, an dem Luthers geistliches Leben einst begonnen hatte (S. 10).

Der 21-jährige *Martin Luther* betrat das Augustiner-Eremitenkloster am 17. Juli 1505. Ein Jahr später legte er das Mönchsgelübde ab. Dabei lag Luther auf der vor dem Altar eingelassenen Grabplatte für Johannes Zacharias. Der 1427 verstorbene Prior hatte als Theologieprofessor mitgeholfen, den böhmischen Reformator Jan Hus (deutsch: die Gans) in Konstanz auf den Scheiterhaufen zu bringen und ging dafür als die „Hus-Geißel" in die Geschichte ein. Sein Ende vor Augen hatte Hus prophezeit, dass bald ein „Schwan" kommen und sein Werk fortsetzen werde. Und der lag mit dem späteren Reformator Luther im September 1506 gewissermaßen schon auf des Priors „Brust"!

Drei „Turm-Waisen“:
von links der Georgsturm, der Johannesturm und der Nikolaiturm.

Nikolaikirchturm

Nahe beim Kloster erhebt sich der verwaiste Turm der Nikolaikirche. Diese muss man sich als Tor- und Brückenkirche vorstellen, vergleichbar mit der Ägidienkirche am Wenigemarkt (S. 52). 1744 war St. Nikolai so hinfällig geworden, dass die Gemeinde ihr Gotteshaus aufgab und sich mit den Katholiken der Schottenkirche arrangierte (S. 77). Im verbliebenen 51 Meter hohen Turm aus dem 14. Jahrhundert wohnte der letzte Türmer der Stadt.

Das Stifterrelief mit Kreuzigungsszene über der benachbarten Pforte stammt von 1360. Es nimmt Bezug auf die ***Elisabethkapelle*** im Untergeschoss des Turmes, wo farbige Wandbilder aus der Erbauungszeit Geschichten um die Heilige erzählen.

S. 64

Johanneskirchturm

Er dient heute der Kirche des evangelischen Augustinerklosters als Glockenturm, obgleich er sich etwas entfernt in der Johannesstraße erhebt. Die Johanneskirche, 1217 erstmals erwähnt und in gotischer Zeit erweitert, wurde 1525 geschlossen und 1819 abgetragen.

Doch auch ohne seine Kirche strahlt dieser Turm genügend Selbstbewusstsein aus. Kein Wunder, wenn man so hoch ist und nach vier Seiten die Zeit anzeigt, wenn man einen Brüstungsabschluss, gotische Spitztürmchen und einen Turmhelm besitzt. An zwei Seiten schließen sich Wohnbauten an.

Die 1132 gestiftete Georgskirche im Andreasviertel wurde nach der Reformation nicht mehr benötigt und geschlossen. Zur Gewinnung von Baumaterialien riss man sie 1632 ab. Der ***Georgsturm*** stammt von 1380. Fischblasen, der Bauschmuck der Spätgotik, sind an ihm schön zu sehen.

Georgenburse

Wenige Schritte vom Kloster entfernt, stößt man nahe der Lehmannsbrücke auf eine weitere Lutherstätte. Es ist das letzte erhaltene Gebäude der um 1456 erstmals erwähnten Georgenburse (Augustinerstraße 27). In diesem Wohn- und Studienquartier dürfte der 17-jährige Luther von 1501 bis 1505 gelebt haben. Bis vor einigen Jahren diente das Haus als ökumenische Bildungs- und Begegnungsstätte sowie als Pilgerherberge. Heute befinden sich darin privat genutzte Wohnungen.

Beim Verlassen des Klosters durch die Lutherpforte geht es rechts entlang zum Comthurhof, einem Ordensrittersitz von 1570.

Adressen und Öffnungszeiten

Seite

35 **Naturkundemuseum** ***www.naturkundemuseum-erfurt.de***
Große Arche 14, Tel. (03 61) 655 56 80, ***Öffnungszeiten:*** Di bis So 10-18 Uhr

36 **Predigerkirche und Predigerkloster** ***www.predigerkirche.de***
Predigerstraße, Tel. (03 61) 56 26 214, besichtigung@predigerkirche.de
Öffnungszeiten: April bis Oktober Di bis Sa 11-16 Uhr, So 12-16 Uhr

46 **Rathaus**
Fischmarkt 1, Tel. (03 61) 655-0
Besichtigungszeiten: Sa und So 9-12 und 13-16 Uhr (außer bei Veranstaltungen)

48 **Begegnungsstätte Kleine Synagoge** ***www.juedisches-leben.erfurt.de***
An der Stadtmünze 5, Tel. (03 61) 655 16 61, ***Öffnungszeiten:*** Di bis So 10-18 Uhr

53 **Mittelalterliche Mikwe** ***www.juedisches-leben.erfurt.de***
Führungen: Do/Fr 14 Uhr, Sa/So 11.45 Uhr, Start/Tickets Museum Alte Synagoge

54 **Museum Alte Synagoge** ***www.juedisches-leben.erfurt.de***
Waagegasse 8, Tel. (03 61) 655 15 20
Öffnungszeiten: Di bis So 10-18 Uhr, ***Führungen:*** Sa/So 10.15 Uhr

43 **Michaeliskirche** ***www.michaeliskirche-erfurt.de***
Michaelisstraße 11, Tel. 0176 62 44 65 03, ***Öffnungszeiten:*** Mo bis Sa 11-16 Uhr

58 **Evangelisches Augustinerkloster** ***www.augustinerkloster.de***
Augustinerstraße 10, Tel. (03 61) 57 660-0
Öffnungszeiten Kloster: Mo bis Fr 10-16 Uhr, Sa/So 11-14 Uhr, feiertags 11-12.30 Uhr, ***Führungen:*** täglich 11 Uhr (nicht am 24./25./26. und 31.12./1.1.), Abendführung Fr 21 Uhr (Oktober bis März schon 20 Uhr), weitere thematische Führungen
Öffnungszeiten Klosterbibliothek: Mo bis Mi 8-16 Uhr, Do/Fr 9-12 Uhr, ***Führung:*** nach Vereinbarung unter Tel. (03 61) 57 660-22
Führung Elisabethkapelle im Nikolaikirchturm: April bis September Mo 12.15 Uhr

Galerien und Ausstellungen

50 **Haus der Stiftungen** (Dauerausstellung)
Krämerbrücke 31, Tel. (03 61) 65 48 381, ***Öffnungszeiten:*** täglich 10-18 Uhr

43 **Kunsthalle Erfurt** im Haus „Zum Roten Ochsen" ***www.kunstmuseen.erfurt.de***
Fischmarkt 7, Tel. (03 61) 655 56 66
Öffnungszeiten: Di bis So 11-18 Uhr, Do bis 22 Uhr

56 **Kulturhof „Zum Güldenen Krönbacken"**
Galerie Waidspeicher und Haus Krönbacken, ***www.kunstmuseen.erfurt.de***
Michaelisstraße 10, Tel. (03 61) 655 16 10, ***Öffnungszeiten:*** Di bis So 11-18 Uhr

50 **Haus „Zum Bunten Löwen"**
Galerie des Verbandes Bildender Künstler Thüringen
Krämerbrücke 4, Tel. (03 61) 64 22 564
Öffnungszeiten: Di bis Fr 12-18 Uhr, Sa 10-16 Uhr

Hirschgarten vor der Staatskanzlei

▶ Erkundungen rings um den Anger

Auf dem Anger

Der Anger

Der Anger war das Herz der Stadt und ist es noch heute. Waid und Wolle, Weizen und Wein – hier wurde seit frühester Zeit gehandelt. Und als man bei Straßenarbeiten im Kiesbett ein Skelett fand, steckte zwischen seinen Kieferteilen eine Münze aus Byzanz. Der Anger erstreckt sich zwischen Kaufmanns- und Wigbertikirche und ermöglicht eine spannende architektonische „Zeitreise". Die Beispiele reichen von der Gotik bis hin zu den prachtvollen Gründerzeithäusern, zu Jugendstil und Neuer Sachlichkeit.

Vom traditionsreichen und eindrucksvollen ***Gebäude Anger 1*** erschließt sich einem Erfurts bekannteste Straße, die historische Flanier- und zugleich Einkaufsmeile ist, am besten. Es wurde von den Architekten Albert und Ernst Giese im Nachjugendstil erbaut und 1908 als Kaufhaus „Römischer Kaiser" eröffnet. In der DDR hieß es „Centrum-Warenhaus", nach der Wende zog „Hertie" ein. Es folgten umfangreiche Ausbau- und Renovierungsarbeiten, um im Herbst 2000 die Wiedereröffnung des alten Warenhauses als Einkaufsgalerie „Anger 1" zu feiern.

Kaufmannskirche mit Luther-Denkmal

Einkaufsgalerie „Anger 1"

Der platzbeherrschende gläserne Bücher-Tempel entstand erst in jüngerer Zeit. Durch die Scheiben im oberen Stockwerk hat man einen ausgezeichneten Blick auf den Anger, den man natürlich nur zu Fuß erkunden kann, mit viel Muße und Schritt für Schritt.

Im Nordosten steht die 1368 geweihte gotische ***Kaufmannskirche***. Friesische Kaufleute hatten hier bereits im 11. Jahrhundert einen Bau errichtet, der aber niederbrannte. In der dem heiligen Georg von Utrecht geweihten Kirche wurden die Eltern von ***Johann Sebastian Bach*** 1668 getraut und Dutzende Bach-Kinder getauft. Die in Erfurt lebenden Bachs waren fruchtbar und musikalisch und stellten zuweilen mehr als die Hälfte der Stadtmusikanten. Dies führte dazu, dass man von den „Bachen" sprach, wenn man die Musikanten meinte (S. 76).

S. 84

Martin Luther predigte im Oktober 1522 in der Kirche. Das Denkmal auf dem Vorplatz schuf Fritz Schaper zum 400. Geburtstag des Reformators. Die Reliefs am Sockel illustrieren Szenen aus Luthers Leben in Erfurt.

Das benachbarte ***Postgebäude*** erweckt den Eindruck, als stünde man vor dem Posthaus ganz Thüringens! Es wurde zwischen 1882 und 1885 im Stile von Neogotik und Neorenaissance errichtet. Der Fassa-

Der Anger hat eine Länge von rund sechshundert Metern und man tut gut daran, immer mal die Seite zu wechseln, um das nächste Kleinod besser in Augenschein zu nehmen. Da diese alte Marktstraße nur von Straßenbahnen befahren werden darf und hiesige Stadtbahnfahrer besonders umsichtig agieren, begibt man sich beim Wechseln kaum in Gefahr!

Ursulinenkloster St. Magdalena

denschmuck zeigt die ganze Palette der Dienstleistungen. Da purzeln Briefe aus Füllhörnern und ein pausbäckiges Kerlchen saust, Flügel am Rücken und eine Nachricht in der Hand, fröhlich auf der Telegrafenleitung herab. Beim Anblick der Decke in der Eingangszone fühlt man sich in den Orient versetzt.

Hinter dem Brunnen auf der anderen Seite des Platzes predigt Franz von Assisi den Vögeln. Die Skulptur steht vor dem *Ursulinenkloster St. Magdalena*. Das fügt sich ob seiner Schlichtheit fast unauffällig in die Straßenzeile ein.

Ein Kloster ist hier schon 1136 genannt. Flügelaltar und Kruzifix der Klosterkirche stammen aus gotischer Zeit, ein außergewöhnliches Vesperbild (um 1340) befindet sich in der Klausur.

Im Kloster leben noch heute Ursulinen. Sie begleiten Menschen im Alltag und geistlich. Tipp: Auch bieten sie ***Führungen*** durch zwei historische Räume und durch ihre Kirche an (***www.ursulinenkloster-erfurt.de***). Und wenn man vom Anger kommend in den Torgang tritt, ist man von der ruhigen Atmosphäre angenehm überrascht.

Das barocke Nachbargebäude *„Zur Grünen Aue und Kardinal"* (Anger 6) wurde 1713 auf zwei abgebrannten Hausstellen errichtet. Während des Fürstenkongresses 1808 wohnte hier ***Zar Alexander I.*** Weil seine berittene Wache bei Regen keine gute Figur machte, wurden Schildhäuschen mit Übergröße bestellt, passend für Reiter mit Ross.

Wo die Bahnhofstraße einmündet, zieht das in kräftigem Gelb

Angermuseum

gehaltene Eckgebäude (Anger 18) den Blick auf sich. Es wird seit 1886 museal genutzt. Das <u>*Erfurter Angermuseum*</u> ist berühmt für seine reiche Sammlung regionaler ***mittelalterlicher Kunst***. Hier werden Thüringer Fayencen und Gemälde ausgestellt. Einen Schwerpunkt bilden Landschaftsmalerei, Stillleben und Porträts des 19. sowie Werke des 20. Jahrhunderts.

i S. 84

Große Beachtung finden die von ***Erich Heckel*** zwischen 1922 und 1924 geschaffenen expressionistischen Wandmalereien. Sie gestalten einen Erdgeschossraum, der während der Zeit des Nationalsozialismus verschlossen blieb. Heckels Freund, der Museumsdirektor Walter Kaesbach, hatte die Ausmalung angeregt und der jüdische Schuhfabrikant, Sammler und Mäzen Alfred Hess finanzierte sie. Die „Welt des Mannes" und die „Welt der Frau" sind auf den Wänden dargestellt. „Lebensstufen" nannte Heckel sein Werk. Künstlerfreunde, in deren Zentrum Stefan George und sein Kreis standen, sind darauf abgebildet.

Das palaisartige Gebäude war zwischen 1705 und 1711 als Kurmainzischer Pack- und Waagehof errichtet worden. Einige Zeit residierte der kurmainzische Statthalter darin, was den vergoldeten Balkon und die prachtvolle Fassadenzier erklärt. Der Mittelrisalit reicht bis ins dritte Geschoss, der Wappen- und Figurenschmuck bis in die Giebelspitze hinauf, wo der heilige Martin seinen Mantel mit dem Bettler teilt.

Die <u>*Bartholomäuskirche*</u> (Anger 52) wurde nach der Reformation aufgegeben. Jetzt steht von ihr nur

Ölbergszene am unteren Geschoss des Batholomäuskirchturms

noch der Turm. Der ist schon so sehr in die Straßenzeile eingebunden, dass man ihn als Kirchturm kaum wahrnimmt. Tipp: In ihm hängt ein aus 60 Bronzeglocken bestehendes ***Glockenspiel***, das täglich um 10, um 12 und um 18 Uhr fünfoktavig erklingt. Die größte Glocke wiegt 2 393 Kilogramm, die kleinste gerademal zwanzig.

Das 1979 in Apolda gegossene Glockenspiel verfügt über eine Klaviatur. Mit deren Hilfe wurden früher täglich die Glocken per Hand angeschlagen. Ein schweißtreibendes Unterfangen, nicht nur wegen der einhundertdreißig Stufen im Turm! Nur mit Kraft und geballten Fäusten gelang es. Längst setzt eine Automatik das jahreszeitlich abgestimmte Repertoire des Carillons in Gang.

Seit 2022 erklingt zur Freude der Erfurter und ihrer Gäste auch wieder „Handgemachtes". Tipp: Von März bis Dezember geben jeden letzten Samstag im Monat ab 16 Uhr etwa eine Stunde lang die drei Erfurter Carilloneure und manchmal auch Kollegen aus dem In- und Ausland ***Konzerte*** an der Klaviatur. Und für einen wirklichen Kunstgenuss stellt der benachbarte Buchhändler noch kostenfrei Stühle vor den Turm.

Die Bartholomäuskirche, 1182 erstmals erwähnt, war die Hauskirche der Grafen von Gleichen, die vis-à-vis ihre Stadtwohnung hatten (S. 88). Die Kirche wurde 1571 nach einem Brand geschlossen und später abgebrochen. Von 1591 bis 1945 nutzte die Barfüßergemeinde den Turm als Glockenturm. Während des Artilleriebeschusses im April 1945 brannte das Dach ab und der Turm endete mit der gotischen Brüstung. Erst 1992 bekam er eine neue Spitze. Das Epitaph für Johannes Selbach stellt eine Ölbergszene aus vorreformatorischer Zeit dar.

Nackte Paare (Foto unten) schmücken das ***Sparkassengebäude*** (An-

ger 25). Die Figuren verkörpern leichtfertiges Geldausgeben (links) und „vorsorgendes Sparen". Ein Mann kniet hinter einer Frau. Er knetet ihre Schultern. Da überlegt man schon, ob das nun Vorsorge ist oder unter Leichtsinn fällt. Der Viergeschosser, 1930 im Stile Neuer Sachlichkeit errichtet, ist mit Hochreliefs von Hans Walther geschmückt.

Wo heute das ***Bismarckhaus*** (Anger 35) steht, befand sich das Haus „Zum Tannenberg und zum Grünen Löwen". Es wurde 1900 abgerissen. Ein halbes Jahrhundert zuvor hatte dort Otto von Bismarck logiert, weshalb man an der Fassade des Neubaus eine Bronzestatue anbrachte. Diese verschwand 1948 und wurde nach der Restaurierung des Gebäudes im Jahre 2004 durch eine Nachbildung ersetzt. Der 35-jährige Bismarck hatte 1850 am Unionskongress teilgenommen und sich, wie er

Bismarck-Statue

fand, seine ersten „diplomatischen Sporen" verdient.

Das ***Dacherödensche Haus*** (Anger 37/38) darf schon allein wegen seines Renaissanceportals von 1557, des Erkers und der Dachgaupen in

i S. 84

Diele mit barocker Balustrade im Haus Dacheröden

Monumentalbrunnen von 1890

keinem Erfurt-Buch fehlen. Dieser Bürger-Palast ist aus den Häusern „Zum Güldenen Hecht" und „Zum Großen Neuen Schiff" hervorgegangen und krönt gewissermaßen den Anger-Spaziergang.

Im „Hecht" wohnte ein Vertrauter des Statthalters Dalberg: Karl von Dacheröden. Bedeutende Zeitgenossen gingen bei ihm ein und aus, so Johann Bartholomäus Trommsdorf, der Erfurter Universitätsprofessor und Begründer der modernen Pharmazie. Dacherödens Tochter Karoline vermählte sich hier 1791 mit Wilhelm von Humboldt. Schiller lernte bei ihr die Lengefeld-Schwestern kennen und verlobte sich im Haus am Anger mit der einen, obwohl die andere auch nicht übel war.

Ein ***Brunnen*** schließt den Anger nach dieser Seite hin ab. Die männliche Monumental-Figur mit dem Schraubstock im Rücken und dem Hammer zwischen den Schenkeln lässt einen sofort an Handwerk und industriellen Aufschwung denken, die großfüßige Frau mit der Blume zwischen den Fingern an den Erfurter Gartenbau. Das Denkmal schufen der Architekt Heinrich Stöckhardt und der Bildhauer Heinz Hoffmeister. Die Einweihung fand 1890 statt.

Auf der linken Seite geht der Anger in die Neuwerkstraße über, auf der rechten in die Regierungsstraße. An deren Anfang steht die schon 1210 erwähnte spätgotische ***Pfarrkirche St. Wigbert***. Im Zuge der Gegenreformation kehrten die Augustiner-Eremiten nach Erfurt zurück. Ihr altes Kloster war inzwischen ein Gymnasium geworden (🔍 S. 58), weshalb man ihnen die Hofkirche der Statthalter überließ. Auf dem dahinter gelegenen ***Valentinerhof*** errichteten sie eine Anlage, die ihnen von 1663 bis 1822 als Kloster diente. (Eisentor geöffnet: April bis November Mo bis Do 9-17 Uhr, Fr 9-13 Uhr)

Kurmainzische Statthalterei

Ein angewinkeltes Frauenbein erscheint in der Höhe, sobald man den Kopf in den Nacken legt. Das Bein ist schönwadig und nackt und gehört einer der beiden Damen, die den barocken Balkon schmücken. Darunter stützen zwei bärtige Hermen den Austritt und flankieren das Tor. Die ehemalige Statthalterei in der Regierungsstraße zählt zu den prachtvollsten Bauwerken der Stadt. Hier haben der Ministerpräsident des Freistaates Thüringen und die Staatskanzlei ihren Sitz.

Baugeschichte. 1694 hatte der kurmainzische Statthalter am heutigen Standort drei Patrizierhäuser erworben, um eine repräsentative Statthalterei zu errichten. Die zog unter seinem Nachfolger 1702 im heutigen Ostflügel ein. Der fränkische Baumeister Maximilian von Welsch erhielt den Auftrag, einen barocken Westflügel zu schaffen. Den Neubau zur Markgrafengasse hin und den Renaissanceteil im Osten verband von Welsch durch einen Mittelrisalit. 1720 waren die Um- und Neubauten

Barockbau der Statthalterei (heute Staatskanzlei) mit St. Wigbert im Hintergrund

abgeschlossen. Als Hofkirche diente den Statthaltern die Wigbertikirche. Sechs Vertreter des Kurfürsten fanden hier ihre letzte Ruhestätte.

Unter ***Carl Theodor von Dalberg*** war die Statthalterei von 1771 bis 1802 zu einem Ort der Begegnung und des freimütigen Austausches geworden. Eine Tafel erinnert an die berühmten Besucher aus Weimar. Aber auch andere Gäste waren Dalberg zu den wöchentlichen „Assembleen" genannten Zusammenkünften willkommen. Als „Eintrittskarte" genügte ein sauberes Hemd. Mit Dalberg endete die kurmainzische Zeit.

Während der französischen Besatzungsjahre wohnte ***Napoleon*** in seinem „Erfurter Palast". Am 2. Oktober 1808 empfing er Goethe. „Vous êtes un homme!" (Was für ein Mann!) soll der zwanzig Jahre jüngere Kaiser ausgerufen haben, als er den Dichter so gut beieinander sah. Dann unterhielten sie sich über den „Werther", und der Korse wusste erstaunlich gut Bescheid.

Ab 1815 gehörte Erfurt wieder zu Preußen. Links vom Portal verweisen eine „Preußische Halbe Ruthe" und ein gusseiserner Meterstab auf diese wechselvolle Zeit. Der Schmuckerker am Ostflügel stammt aus der Renaissance, als das Haus noch „Zum Stolzen Knecht" hieß. Der ist als Landsknecht abgebildet. Das Wappen des Hausbesitzers schmückt das mittlere, ein Landsknecht zwischen drei Frauen das rechte Feld. Der aus der Wand kühn herausragende und den Erker mutig stützende Kopf erinnert an den „Steynmetz", der diese bildhauerische Arbeit 1540 schuf.

Susanne Ahners „Hirschgartenpanorama"

Park. Die Anlage gegenüber wird der „Hirschgarten" genannt. Der Statthalter Freiherr von Warsberg hatte mehrere Häuser abreißen und einen Tierpark anlegen lassen, damit ihm niemand in die Fenster sehen konnte. Auf einem Teil des Areals sollte vor 1990 eine Stadthalle mit viel Beton und Stahl entstehen. Die Baugrube existierte noch 2007. Inzwischen ist ein sehr schöner parkähnlicher Stadtplatz entstanden.

Weimarisches Geleithaus. In dem neben der Statthalterei gelegenen Haus „Zum Güldenen Sternberg" weilte ***Goethe*** mehrfach in seiner Eigenschaft als „Verkehrsminister" des Herzogs von Weimar. Eine Tafel erinnert daran, dass der Herr Geheimrat hier gewohnt und (!) gearbeitet hat. Goethekenner konnten 53 Erfurt-Besuche nachweisen. Nicht jeder hatte mit dem Straßenbau zu tun. Gern und oft traf er sich einfach nur mit dem Statthalter Dalberg im Nachbarhaus, um mit ihm zu philosophieren und zu politisieren.

Barfüßerkirche

Von einer großflächigen Zerstörung blieb Erfurt während des Zweiten Weltkrieges gottlob verschont, was der Stadt den Ruf einbrachte, das größte zusammenhängende Flächendenkmal Mitteldeutschlands zu sein. Dennoch sind schmerzliche Verluste zu beklagen. Dazu gehört die dreischiffige Barfüßerkirche, die einmal die größte Kirche der Stadt war und vor deren eindrucksvoller Ruine man in der Barfüßerstraße ergriffen und staunend steht.

Am 26. November 1944, in der Nacht, die dem Totensonntag folgte, schlug in dieser Straße eine Luftmine ein, die auch einen großen Teil des Langhauses wegriss. An der Mauer erinnert der Bronzeguss „Totentanz" (1947) von Hans Walther an diese Schreckensnacht. Der Hohe Chor aus dem frühen 14. Jahrhundert blieb relativ unversehrt, wurde später durch eine Mauer von der Ruine abgetrennt und diente der Gemeinde lange Zeit als Kirche.

1977 wurde die von Franziskanermönchen errichtete Barfüßerkirche profaniert und der Stadt übergeben. Die Franziskaner waren 1224 nach Erfurt gekommen. Der Stadtbrand von 1291 hatte ihre Klosterkirche zerstört, der Neubau wurde 1316 geweiht. Weil die Bettelmönche barfuß gingen, wurden die Franziskaner auch „Barfüßer" genannt.

Der Chor beherbergt einige außergewöhnliche ***sakrale mittelalterlicher Kunst***werke. Der ***Flügelaltar*** (Tempera auf Nadelholz) mit der Kreuzigungsszene im Zentrum entstand um 1420 und wird auch als „Färberaltar" bezeichnet. Die Färberinnung trat in der Geschichte der Barfüßerkirche gleich mehrfach als Stifterin in Erscheinung. So trägt denn auch ein Schlussstein im Chor des Schiffes das Wappen der Innung: Vier berockte Färber rühren heiter in einem Bottich voller Waid.

Das fein geschnittene Gesicht der Cinna von Vargula strahlt ebenfalls Heiterkeit aus. Beim Betrachten dieser schönen Figur vergisst man völlig, dass es sich hier um eine ***Grabplatte*** handelt. Der Erfurter Bildhauer hatte sich der 1370 Ver-

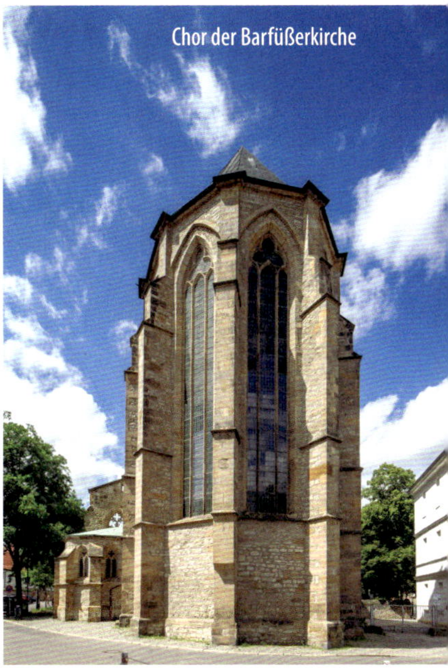
Chor der Barfüßerkirche

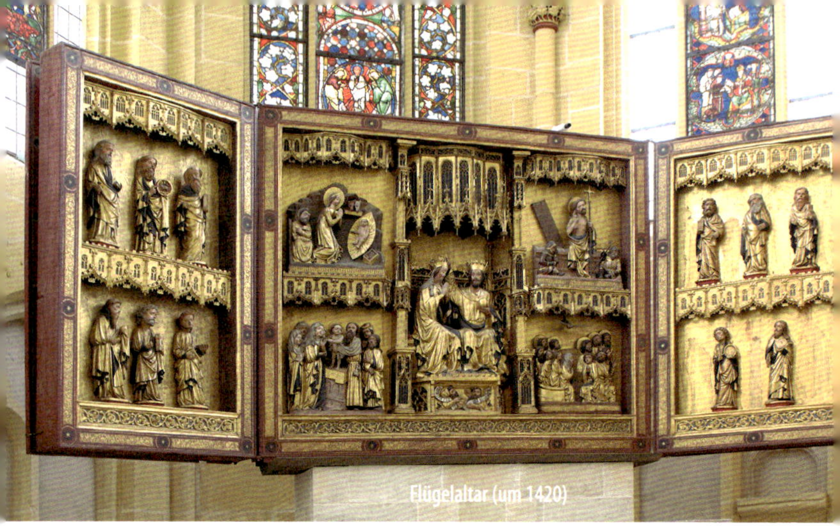

Flügelaltar (um 1420)

storbenen angenommen und schuf mit diesem Stein ein Meisterwerk, das für ihn namengebend wurde: Was immer er später noch schuf – es war vom „Meister der Cinna von Vargula".

Vier Kirchenfenster bewahren *Glasmalereien* aus der Zeit nach 1230. Sie zeigen die Leidensgeschichte Christi und Szenen aus dem Leben des Ordensgründers Franz von Assisi. Es sind die ältesten Glasfenster der Stadt. Die geschwärzte *Sandsteinfigur des Heiligen* aus dem 14. Jahrhundert hatte ursprünglich von der äußeren Nordwestwand des Chores auf die Schlösserstraße „geblickt".

Seit einigen Jahren setzt sich der Initiativkreis Barfüßerkirche für die Bewahrung und Nutzung des Gebäudes ein. ***www.barfuesserkirche.de***

Auf dem Weg von der Barfüßerstraße in Richtung Wenigemarkt empfiehlt sich in der Schlösserstraße ein Abstecher zur *Neuen Mühle*. An historischem Standort treibt das Wasser des Breitstroms das unterschlächtige Wasserrad an. Über das Geländer der Schlösserbrücke gebeugt, blickt man auf eine idyllische Flusslandschaft mit Insel, Hausstegen und Bäumen und den bunten Häusern der Krämerbrücke. Am Haus Junkersand 3 erinnert eine Tafel an *Johann Sebastian Bachs Eltern*, die hier bis 1671 wohnten, sowie an das 250jährige musikalische Wirken der Erfurter Bachs (S. 67). Vom Wenigemarkt mit seinen schön hergerichteten Häusern und dem ***Born-Senf-Spezialgeschäft***, in dem man nicht nur Kulinarisches, sondern auch viel Informatives zur 1820 von den Born-Brüdern Wilhelm und Louis gründeten Firma erhält (Tipp!), führt die *Futterstraße* zum Kaisersaal. Der Name der Straße erinnert an die mittelalterlichen Pferdefütterer, die hier wohnten und täglich an die dreihundert Pferde zu betreuen hatten.

Schottenkirche

Durch die von der Futterstraße abzweigende Schottenstraße gelangt man zur Schottenkirche. Es waren Benediktinermönche aus Irland, die Anfang des 12. Jahrhunderts nach Erfurt kamen und im Jahre 1136 mit dem Bau eines Klosters begannen.

Ihr „Mutterkloster" befand sich in Regensburg. Dort hatte Marianus Scotus die Abtei St. Jacob gegründet, von der die „scoti peregrini" auch in die deutschen Lande ausschwärmten. Mit dem Erfurter Kloster St. Jacobus wuchs auch die Klosterkirche empor, die der Thüringer Graf Walter von Gleisberg gestiftet hatte. Gut sechzig Jahre später war das Werk vollendet, und die Kirche wurde geweiht.

In der Folgezeit gab es Brände, es gab Um- und Erweiterungsbauten. Von 1512 stammt der hoch aufragende, markante Kirchturm mit der in der deutschen Renaissance verbreiteten Welschen Haube. 1518 wurde das Kloster von schottischen Mönchen übernommen. Sie betätigten sich auch als Lehrer an der hiesigen Universität.

Zwischen 1711 und 1729 erhielt die Westfront der Kirche ihr barockes Aussehen. Von 1744 an diente das Gotteshaus auch der Nikolaigemeinde (S. 63). 1820 wurde das Kloster aufgelöst und zur Gewinnung von Baumaterial abgerissen. Die Kirche blieb davon unberührt.

Zum ***Inventar*** der Schottenkirche gehören eine spätgotische Madonna und ein Schmerzensmann. Noch gut zu erkennen sind die Strukturen der romanischen Basilika. Die Kirche, die etwas versteckt liegt, ist der zweitälteste Sakralbau der Stadt.

i S. 84

Im Turm der Schottenkirche hielt sich der junge *Johann Hieronymus Schröter* (1745-1816) am liebsten auf. Hier führte er seine ersten Himmelsbeobachtungen mit einem Fernrohr durch. Schröter studierte in seiner Heimatstadt Theologie, dann in Göttingen Jura und wurde Beamter. In Lilienthal bei Bremen errichtete er eine Sternwarte, die mit dem größten Teleskop ausgestattet war, das damals in Europa existierte. Schröter gehört zu den namhaftesten Astronomen seiner Zeit. Nach ihm wurden ein Krater und das Schrötertal auf dem Mond benannt. Auch der Asteroid 3 707 trägt seinen Namen.

Historischer Kaisersaal im modernen Kultur- und Kongresszentrum

Kaisersaal

S. 84

Der Kaisersaal ist der Festsaal der Stadt (***Kulturzentrum***) und erinnert mit seinen umlaufenden Galerien, dem Zierrat und dem Deckengemälde an ein herrschaftliches Theater- und Ballhaus.

Dies hatte der Leipziger Ballmeister Sommer auch im Sinn, als er 1714 nach Erfurt kam. Auf alten Mauern errichtete er ein Universitäts-Ballhaus, in dem Theater gespielt, musiziert, getanzt, gestritten und immer wieder gefeiert wurde. Bei der Erstaufführung der Prosafassung seines „Don Carlos" saß der 32-jährige Friedrich Schiller am 21. September 1791 im Parkett. Das Weimarer Theater gastierte hier häufig unter Goethes Leitung.

Als Napoleon 1808 seinen Fürstenkongress veranstaltete, fand das kulturelle Begleitprogramm natürlich in der Futterstraße statt. Vor einem „Parkett von Königen" habe man gespielt, schwärmte François-Joseph Talma von der „Comédie Française", weil mit Zar Alexander I. und Napoleon I. auch zwei Kaiser im Saal saßen. Hier traten Clara Wieck und Niccolò Paganini auf und hier verabschiedete die deutsche Sozialdemokratie 1891 im Beisein von August Bebel und Wilhelm Liebknecht das von Eduard Bernstein und Karl Kautsky erarbeitete Parteiprogramm, mit dem das „Gothaer Programm" von 1875 abgelöst wurde.

1831 erhielt das Gebäude seine klassizistische Fassade und wurde im Inneren umgebaut. Wohl zu Ehren der Reichsgründung trägt es seit 1871 den Namen „Kaisersaal".

„Haus zum Stockfisch“

Das 1607 im Stile der niederländischen Renaissance errichtete Anwesen ruht auf den Kellergewölben zweier Vorgängerbauten und wirkt – nicht zuletzt seiner Größe und der zwei prachtvollen Portale wegen – wie ein Palast. Das eine Portal diente als Einfahrt, das andere als Zugang zum Haus.

Im „Haus zum Stockfisch“ (Johannesstraße 169) wohnte der Waidhändler Ziegler, der zudem das Braurecht besaß. Der Eingang ist mit Säulen und den Familienwappen späterer Hausbesitzer geschmückt. Den Erker zieren das Milwitz- und das Ziegler-Wappen. Unter dem Segensspruch zeigt sich ein vitaler Fisch, ein Dörrfisch ist das aber nicht.

Seit 1969 ist das ***Stadtmuseum*** in diesem Haus untergebracht. Im Erdgeschoss erinnern unter dem Titel „Tolle Jahre“ prunkvolle Exponate wie mannshohe Setzschilde, Teile des Ratssilbers und eine gigantische Wallarmbrust an die weltliche Blütezeit Erfurts im Mittelalter. Und auch die geistliche Bedeutung der „Metropolis Thuringiae“ kann man

i S. 84

Eingang des Hauses „Zum Stockfisch“

Eingang „Zum Mohrenkopf“

hier an Hand von wertvollem Erfurter Kircheninventar nachempfinden.

Seit Februar 2024 wartet das Museum mit einem ganz besonderen Höhepunkt auf: In einer Vitrine an der Nordwand steht der neuzeitliche Besucher ehrfürchtig vor einem aufgeschlagenen ***Buch der kostbaren Bibliotheca Amploniana*** – und alle drei Monate sogar vor einem anderen Exemplar! Die von der Uni-Bibliothek betreute Sammlung umfasst 979 Handschriftenbände sowie 1882 Inkunabeln und frühe Drucke (S. 57). Somit Ausstellungspotenzial für Jahrhunderte!

Vor dem großen ***Erfurt-Modell*** im nächsten Stockwerk kann man sich ein Bild machen vom Wachsen und Werden der Stadt, vom Verlauf ihrer Mauern und Gräben, von den Verzweigungen des Flusses Gera, von der Bedeutung der Festungsstadt. Steinerne Zeugen erzählen von Erfurts langem Leben, Reliefs vom ersten Rathausbau.

Nicht nur Cineasten begeistert der ***historische Kinosaal*** mit originaler Filmvorführungstechnik. Die weiteren Flächen hier und die obere Etage bieten Raum für abwechslungsreiche ***Sonderschauen***. Im Herbst 2024 öffnet eine ***archäologische Ausstellung*** im Kellergeschoss.

Das benachbarte, reich gegliederte *Fachwerkhaus „Zum Mohrenkopf“* (Johannesstraße 168) entstand im gleichen Jahr. Die beiden Männerköpfe in den Portalecken reißen ihre Rachen auf, als riefen sie nach Bier. Kein Wunder, schenkte hier doch die Witwe Margarethe Milwitz einst Gerstensaft aus. Am Brautag steckte sie den beiden Kerlen ein Büschel Stroh in den Mund. Da wusste jeder Bescheid!

Großes Hospital

Selbst notorische Museums-Muffel kommen aus dem Staunen nicht mehr heraus! Das im Herrenhaus des ehemaligen Großen Hospitals untergebrachte ***„Museum für Thüringer Volkskunde"*** zieht jeden in seinen Bann. „Erfahren – verändern – beharren" lautet das Motto der Dauerausstellung, die das Dorfleben im 19. Jahrhundert lebendig werden lässt.

i S. 84

Großes Hospital. Das zweigeschossige Herrenhaus, in dem sich schon 1899 ein Museum befand, wurde um 1540 als Steinhaus errichtet. Es schließt den rechteckigen Innenhof des Großen Hospitals (Juri-Gagarin-Ring 140) nach Norden hin ab.

1385 war das Hospital St. Martin von seinem alten Standort am Fischmarkt vor das Krämpfertor gezogen, wo man die vorbeifließende Gera hatte, niemanden störte und großzügig bauen konnte. Mit den ersten Gebäuden wuchs auch die Spitalkirche „Zum Heiligen Geist" empor. Sie ist damit die älteste noch existierende Hospitalkirche der Stadt.

Das neue Hospital wurde schon bald das „Große Hospital" genannt, und dass seine Kirche den gleichen päpstlichen Ablass wie St. Markus zu Venedig erhielt, unterstreicht die Wertschätzung, die gerade dieses reiche Erfurter Hospital genoss.

Ehemaliges Großes Hospital

Museum. Es ist nicht nur die Fülle origineller Exponate, die den Betrachter fesselt, auch die Art, wie hier Ausstellungsstücke präsentiert und Informationen vermittelt werden, begeistert. So kann man an „Zeit-Schränke" herantreten, kann Schubladen wie „Überraschungseier" öffnen, in denen Fakten und Dokumente zu bestimmten Ereignissen „hinterlegt" sind. Man kann Auszüge aus Briefen, aus Gerichtsakten und Lebensbildern hören sowie Auswanderern zusehen auf ihrem beschwerlichen Weg ins „Gelobte Land".

Das Volkskundemuseum besitzt auch die Südseesammlung des Erfurter Kolonialbeamten Wilhelm Knappe. Sie wird allerdings im *Benary-Speicher* in der Brühler Straße 37 gezeigt. Dieser erinnert an die Gartenbaufirma Ernst Benary und beherbergt ein Druckereimuseum. Ausgestellt sind noch weitere bedeutende *Depot-Schätze* Erfurter Museen.

i S. 84

An anderer Stelle erfährt man, wie die früheren Dorfbewohner in ihr Schicksal hineingeboren wurden, einen Partner fanden, miteinander lebten, wie sie arbeiteten und starben. Und erfreut liest man vom märchenhaften Schicksal des Dienstmädchens, das einen Grafen heiratet. Selbstredend findet man in einem Volkskundemuseum auch das, was man hier zu finden vermutet: Möbel und Hausrat nämlich, Handwerk und Trachten. Man bestaunt die Arbeit von Glasbläsern, von Färbern und Küfern.

Stadtbefestigung

Um das Jahr 1066 wurde die innere Stadtmauer mit Gräben, Türmen, Bastionen und Toren vollendet. Jedoch verlangte die zunehmende Ausdehnung der Stadt einen zweiten Verteidigungsring. Der Petersberg wurde mit einbezogen, und vor den drei nördlichen Toren, dem Andreas-, dem Moritz- und dem Johannestor, wurden Gräben ausgehoben und Wälle angelegt.

1478 begannen die Arbeiten zum Bau der Cyriaksburg als ein wichtiger Vorposten im Südwesten. An dieser Stadtbefestigung wurde über die Jahrhunderte hinweg immer wieder gearbeitet, ausgebessert, aufgestockt, erweitert, verstärkt.

Zwischen 1810 und 1840 trennte man sich von den inneren Toren. Bald danach wurde aus der südlichen Wallanlage ein Bahndamm. Der Reichstagsbeschluss vom Mai 1873 hob dann auch für Erfurt den Festungsstatus auf und die „Entfestung" der Stadt konnte beginnen. Nun wurden die äußeren Stadttore abgerissen, Wehrmauern und Wachtürme niedergelegt.

Eine weitsichtige Entscheidung, von der man bis heute in Erfurt profitiert, war die Umwandlung des alten Wallgrabens in einen die Altstadt umgehenden Flutgraben. Am 14. Oktober 1898 fand die Einweihung statt. Seither schützt er wirkungsvoll

Erhaltene Stadtbefestigung: die Johannesmauer

vor Hochwasser. Zuvor musste man mit durchschnittlich weit über zwanzig Überflutungen im Jahr rechnen. Der innere Festungsgraben mit der „Wilden Gera" wurde verfüllt. Dort führt der Juri-Gagarin-Ring als innerstädtische Ringstraße entlang.

Gleich an der Einmündung des Gagarin-Ringes in die Johannesstraße erhebt sich inmitten einer Grünanlage ein ansehnlicher Stadtmauerrest. Die ***Innere Johannesmauer***, die hier als ausgewiesenes Denkmal steht, stammt aus dem 11. Jahrhundert und gehörte einmal zum ältesten Verteidigungsring. In dem Zwinger davor befand sich bis zum 19. Jahrhundert der Johannesfriedhof. An der Mauer erinnert eine Tafel an die Barrikadenkämpfer, die am 24. November 1848 vor dem Zeughaus (heute Angermuseum) ihr Leben ließen.

Zwei weitere Stadtmauerreste haben sich am Flutgraben in der Nähe der Franckestraße und am Brühler Garten erhalten. Als man in diesem Bereich um 1480 einen zweiten Mauerring baute, wurde der zwischen dem inneren Brühler Tor und dem Rosswehr gelegene Zwinger in einen Friedhof umgewandelt, der später Erfurts erster öffentlicher Friedhof war. Auch zum Domplatz hin und um den Domberg herum finden sich Reste der alten Befestigung.

Den stärksten Eindruck hinterlassen aber die zum Schutz der Stadt errichteten ***Verteidigungsanlagen der Cyriaksburg*** und die gegen die Stadt gerichteten ***Bastionen auf dem Petersberg*** (S. 25).

Alte Stiche und noch anschaulicher das ***Modell der mittelalterlichen Stadtanlage*** vermitteln im Stadtmuseum (Haus „Zum Stockfisch") einen Eindruck vom wehrhaften Erfurt (S. 80).

Adresse und Öffnungszeiten

Seite

67 **Kaufmannskirche** ***www.kaufmannsgemeinde-erfurt.de***
Am Anger, Tel. (03 61) 26 26 962
Öffnungszeiten: 21. März bis 11. November Mo bis Fr 11-13 Uhr, Sa 11-15 Uhr
Führung: Mai bis Oktober 1. Donnerstag im Monat 14 Uhr, Start: Lutherdenkmal

69 **Angermuseum Erfurt** ***www.kunstmuseen.erfurt.de***
Anger 18, Tel. (03 61) 655 16 51, ***Öffnungszeiten:*** Di bis So 10-18 Uhr

71 **Haus Dacheröden** ***www.herbstlese.de***
Sitz des Vereins Erfurter Herbstlese. Literatur, Konzerte, Ausstellungen
Anger 37, Tel. (03 61) 644 123 75, ***Öffnungszeiten:*** Di bis Fr 12-17 Uhr, Sa 10-17 Uhr

77 **Schottenkirche St. Nicolai und Jacobi** ***www.schotten-erfurt.de***
Schottenstr. 11, Tel. (03 61) 56 24 921, ***Öffnungszeiten:*** Mai bis Sept. Sa 10-13 Uhr

79 **Stadtmuseum Haus „Zum Stockfisch“** ***www.geschichtsmuseen.erfurt.de***
Johannesstraße 169, Tel. (03 61) 6 55 56 44, ***Öffnungszeiten:*** Di bis So 10-18 Uhr

81 **Museum für Thüringer Volkskunde** ***www.volkskundemuseum-erfurt.de***
Juri-Gagarin-Ring 140 a, Tel. (03 61) 6 55 56 01
Öffnungszeiten: Di bis So 10-18 Uhr (Jahreswechsel siehe Web-Seite)

82 **Druckereimuseum und Schaudepot im Benary-Speicher**
Brühler Straße 37, Tel. (03 61) 655 56 52, ***Besichtigung*** nach Vereinbarung

Theater und Kultur

Theater Erfurt/Neue Oper (Oper, Tanztheater, Schauspiel, Konzerte)
Theaterplatz 1, Tel. (03 61) 22 33 155, ***www.theater-erfurt.de***

44 **Theater Waidspeicher** (Puppentheater Erfurt und Kabarett „Die Arche“)
Theaterkasse Domplatz 18, Tel. (03 61) 59 82 924
www.waidspeicher.de, www.kabarett-diearche.de

Theater Die Schotte (Kinder- und Jugendtheater)
Schottenstraße 7, Tel. (03 61) 64 31 722, ***www.theater-die-schotte.de***

ALTE OPER / DASDIE LIVE / DASDIE BRETTL / ERFURTER PUFFBOHNE
Tickets: Lange Brücke 29, Tel. (03 61) 55 11 66, ***www.dasdie.de***

39 **Engelsburg** (Kulturzentrum)
Allerheiligenstraße 20/21, Tel. (03 61) 30 25 99 10, ***www.engelsburg.club***

78 **Kaisersaal** (Kultur- und Kongresszentrum)
Futterstraße 15/16, Tel. (03 61) 56 88-0, ***www.kaisersaal.de***

Galli Theater im historischen Gewölbekeller
Marktstraße 35, Tel. (03 61) 34 19 45 24, ***www.galli-erfurt.de***

Theater im Palais (Sommertheater in verschiedenen Spielstätten)
Tel. (03 61) 55 04 99 01, ***www.theaterimpalais.de***

egapark

Vor der Stadt und im Umland

Naherholungsgebiet Steigerwald

egapark und Cyriaksburg

Erfurt ist eine Blumenstadt! Und das nicht erst seit sechzig Jahren! Weshalb das so ist und wie es kommt, dass man die Stadt als den „Garten Thüringens" bezeichnet, wird man schnell herausfinden. Am besten im egapark und im Deutschen Gartenbaumuseum Erfurt, das sich auf dem Areal der Cyriaksburg und in einer ehemaligen Defensionskaserne befindet.

i S. 91

egapark. Die auf einem Hügel und vor den Toren der Stadt gelegene Erfurter Gartenbauausstellung (ega) geht auf die iga zurück, die 1961 als „Internationale Gartenbauausstellung sozialistischer Länder" ihre Pforten geöffnet hatte. In jährlichem Wechsel fanden hier sowohl die Gartenbauausstellungen der DDR als auch die internationalen Präsentationen statt.

Schon damals gab es das „große Blumenbeet", das die Besucher auch heute begeistert. Es ist das ***größte ornamental gestaltete Blumenbeet Europas***, wenn nicht gar der Welt! Auf der Wanderung durch das 36 Hektar umfassende und denkmalgeschützte Gelände, auf dem sich auch ***Thüringens größter Kinderspielplatz*** befindet, erlebt der Besucher das Zusammenspiel von Kunst und Natur. Zu den Außenanlagen gehören unter anderem ein ***Rosen- und ein Gräsergarten***, aber auch Beispiele für fernöstliche Gartenarchitektur.

Zur Bundesgartenschau 2021 entstand das ***Wüsten- und Urwaldhaus***, benannt nach der Danakil-Wüste in Äthopien. Diese Naturerlebniswelt ist deutschlandweit einmalig. Im Handumdrehen wechselt man von einer Klimazone in die andere, vom Leben mit und ohne Wasser.

Danakil im egapark

Cyriaksburg. Im Jahre 1480 begann der Mainzer Erzbischof auf dem Cyriaksberg mit dem Bau eines Kastells. Es sollte die städtische Befestigungsanlage komplettieren. Doch bevor die Arbeitskolonnen anrückten, benötigte man Baufreiheit. Und so mussten die Nonnen des Cyriaksklosters, die im Jahre 1123 vom Domhügel auf den Berg vor die Tore Erfurts umgezogen waren, erneut weichen (S. 22).

Im 19. Jahrhundert bauten die Preußen die Burg zur Zitadelle aus. Dazu gehörte auch die Defensionskaserne von 1825, in deren Kellern

Proviant, Waffen und Munition gehortet wurden und in die man sich, wie auf den Petersberg, in schwieriger Lage zurückziehen konnte.

1961 zog das „Gartenbaumuseum" in den alten Festungsbau ein. In den Neunzigerjahren fand eine grundlegende Sanierung statt. Im Jahre 2000 öffnete das ***„Deutsche Gartenbaumuseum Erfurt"*** seine Pforten. Es bietet dem Besucher überraschende Einblicke in die vielfältigen Aspekte des Gartenbaus und der Gartenkunst. Natürlich erfährt man hier auch jede Menge über die Blumenstadt Erfurt, über den begeisterten Samenzüchter, Gartengeräte-Erfinder und Beförderer des Gemüseanbaus Christian Reichart (S. 8), über die Puffbohne und den Waid (S. 34)!

S. 91

Aussichtsturm der Cyriaksburg

Das Deutsche Gartenbaumuseum Erfurt befindet sich im östlichen Teil des beliebten Garten- und Freizeitparks. An diesen grenzt das Gelände des ***Mitteldeutschen Rundfunks*** und des Kinderkanals von ARD und ZDF, der auch die Kultserie „Schloss Einstein" produziert. Dann folgt das Areal der Messe Erfurt AG. Vor dem Museum ist eine Waidmühle aufgebaut. Die beiden Türme in der Nähe stammen aus der Zeit, als die Cyriaksburg eine Festung war. Tipp: Von der Plattform des einen (272 m üNN) hat man einen ***großartigen Blick*** auf das „ega"-Gelände, auf die Stadt und das Thüringer Land.

Die Puffbohne. Die war hier schon im Mittelalter verbreitet und so beliebt, dass kein wirklicher Erfurter ohne ein paar Bohnen in der Tasche das Haus verließ. Vor Puffbohnenfeldern, erzählt man sich, habe er sogar seinen Hut gezogen. Und in einem alten Gärtnerlied heißt es:
„Nur in Erfurt ist gut wohnen; aber wisst ihr auch – warum?
Rings um Erfurt blühn Puffbohnen; unser Stolz und Gaudium.
Fragt in Pommern, fragt in Schwaben, solche Bohnen sie nicht haben."
Dass es die Puffbohne inzwischen als Plüsch-Maskottchen gibt und ein Erfurter, der sich in der Fremde als solcher zu erkennen gibt, gelegentlich auch als „Erfurter Puffbohne" bezeichnet wird, was natürlich nur anerkennend gemeint ist, bei nachlässiger Sprechweise aber auch wie „Buffbohne" klingen kann – das steht auf einem anderen Blatt.

Ausflüge in die Umgebung

An Ausflugszielen hat es in der Umgebung von Erfurt keinen Mangel. Wem nach Natur verlangt, dem sei schon mal der stadtnahe „Steiger" empfohlen, ein 700 Hektar großes Waldgebiet mit alten Bäumen, mit schönen Ausblicken und einem weitläufigen Wegenetz. Die Kulturstätten Gotha, Weimar, Arnstadt, Eisenach und Jena sind leicht zu erreichen.

Forsthaus Willrode

Die Ursprünge dieser Anlage reichen ins 11. Jahrhundert zurück. Seit 1290 Klostergut, wurde Willroda mehrfach zerstört, zuletzt im Sächsischen Bruderkrieg (1446-51). Adlige Herren, denen die Gebäude später als Jagdsitz dienten, erhoben ihre Domäne zum Jagdschloss. Dann zog der städtische Forstaufseher ein und noch heute hat das Forstamt Erfurt-Willrode hier seinen Sitz.

Das Forsthaus ist ein beliebtes Wanderziel. Um den Erhalt dieses Kleinods kümmert sich ein gemeinnütziger Verein. Es gibt einen prall gefüllten Veranstaltungskalender mit ***Konzerten, Sommertheater, Exkursionen, Vorträgen...*** Auf dem Areal werden die ***„Bäume des Jahres"*** gepflanzt. ***www.willrode.de***

Burg Gleichen

i S. 91

„Castellum glicho" nannte man die Burg. Der Name geht vermutlich auf das keltische Wort für „Felsen" zurück. 1088 erlitt Heinrich IV. im Kampf gegen Markgraf Eckbert II. von Meißen, der den revoltierenden Adel anführte, eine empfindliche Schlappe am Fuße des „Glichen".

1162 belehnte der Mainzer Erzbischof die Grafen von Tonna mit der Burg, was die Beschenkten bewog, sich nach ihr zu nennen. Die Grafen von Gleichen gehörten zu den einflussreichsten Adelsgeschlechtern Thüringens und waren als kaiserliche Vögte auch in Erfurt präsent. Tipp: Sechs Bilder im Korridor des Erfurter Rathauses erzählen die ***Sage*** vom zweibeweibten Graf von Gleichen (S. 48, ***www.schmidt-buch-verlag.de/erfurt***).

★

Die bei der Ortschaft Wandersleben gelegene Burg wurde auf einem 365 Meter hohen Kalksteinfelsen errichtet. Nach dem Ableben des letzten Gleichen-Grafen im Jahre 1631 verfiel sie. Die imposante Ruine ist

Imposante Ruine der Burg Gleichen

seit 1998 im Besitz der Stiftung Thüringer Schlösser und Gärten und ein beliebtes Ausflugs- und Wanderziel. Im Sommer finden hier Konzerte und ein Mittelalterfest statt. Im Bergfried ist ein ***Museum*** untergebracht.

Die Mühlburg

S. 91

Die Mühlburg ist die „Seniorin" unter den Drei Gleichen und wurde schon im Jahre 704 erwähnt. 1130 trat der Mainzer Erzbischof als Eigentümer in Erscheinung, dann tauchten die Grafen von Mühlburg aus dem Dunkel der Geschichte auf.

Später gehörte die Burg der Stadt Erfurt oder verschiedenen Thüringer Adelsgeschlechtern. Im 18. Jahrhundert, wieder im Besitz der Mainzer Kurfürsten und Erzbischöfe, verfiel die Anlage. Doch selbst als Ruine war die Burg noch so eindrucksvoll, dass ihr der Schriftsteller ***Gustav Freytag*** mit seinem Roman „Das Nest der Zaunkönige" ein Denkmal setzte. Zu Beginn des vergangenen Jahrhunderts baute der Thüringer-Wald-Verein den aus dem 13. Jahrhundert stammenden Turm als zinnenbekrönten ***Aussichtspunkt*** wieder auf.

Sehenswert ist ebenso die im Jahre 726 erstmals erwähnte ***St. Lukaskirche*** von Mühlberg mit ihrer barocken Ausgestaltung.

Die Wachsenburg

Die oberhalb von Holzhausen gelegene Veste, im 10. Jahrhundert als Schutzburg errichtet, wurde 1441 an den Raubritter Apel von Vitzthum verpfändet. Dieser trug die Brandfackel nach Erfurt. Die Folge war die Belagerung und Eroberung der Burg. Zweihundert Jahre später wurde auf der Wachsenburg ein Zucht- und Waisenhaus eingerichtet, dem folgte ein Gefängnis. Aus der Zeit nach 1651 stammt der 97 Meter tiefe Burgbrunnen.

Zwischen 1890 und 1930 wurden wesentliche Umbauten vorgenommen, so auch am Hohenlohe-Turm. Die Aussicht von ihm krönt die Besichtigung des ***Museums zur Geschichte der Veste***. Der Hotelbetrieb setzte in den 1960er-Jahren ein. Heute werden zudem im Rittersaal, in der Bar Anno 1861 oder im Burghof regional geprägte Speisen und Getränke serviert.

S. 91

Das Burgen-Ensemble „Die Drei Gleichen" sieht man schon aus der Ferne. Nur eine Anlage trägt von alters her den Namen Burg Gleichen, die anderen heißen Wachsen- und Mühlburg. Der *Gustav-Freytag-Wanderweg* verbindet das Burgen-Trio und auf der Wachsenburg kann man speisen und sogar schlafen.

Park und Schloss Molsdorf

Das spätbarocke Kleinod verdankt seine Schönheit und Berühmtheit dem Diplomaten und Lebemann Gustav Adolph Graf von Gotter. 1692 (ohne Adelstitel) in Gotha geboren, vertrat er später mit großem Geschick die Interessen seines Herzogs am Wiener Hof. 1734 kaufte sich Gotter das Rittergut Molsdorf und gestaltete die aus dem 16. Jahrhundert stammende Wasserburg zu einem Lustschloss um. Den Garten ließ er im französischen Stil von Gottfried

Park und Schloss Molsdorf

Heinrich Krone anlegen, der sich mit dem Schloss Bellevue in Weimar bereits einen Namen gemacht hatte.

An der zum Park hin gelegenen Schmuckfassade präsentiert sich das Gottersche Wappen. Die Sonnenuhren tragen arabische und römische Ziffern. „Hora rabit diem" (Die Stunde raubt den Tag) steht unter der einen, „Fucaces labuntur anni" (Flüchtig enteilen die Jahre) unter der anderen. Der Hausherr schätzte die Sinnsprüche des Horaz.

i S. 91

Vom stilvollen Schlosscafé in Parterre blickt man in den Park hinaus. Den kann man jederzeit besuchen, die im Stile des Rokoko gestalteten Innenräume jedoch nur während einer ***Führung***.

Wasserburg Kapellendorf

Das im Städtedreieck Jena-Weimar-Apolda gelegene Kapellendorf wurde 833 erstmals erwähnt. Seine Kirche zählt zu den ältesten Gotteshäusern Thüringens, seine nach 1100 durch die Herren von Kirchberg errichtete Rundburg zu den größten und besterhaltenen Anlagen im Thüringer Land. Ihr Ausbau zur Wasserburg erfolgte im 14. Jahrhundert.

1352 hatte Kaiser Karl IV. Erfurt mit der Burg und einem Teil der Herrschaft Kapellendorf belehnt. Fortan waren die Erfurter auf den Reichstagen vertreten und durften Münzen prägen. 1508 mussten sie ihren Besitz allerdings verpfänden.

Goethe kam gern nach Kapellendorf. Während der Schlacht bei Jena und Auerstedt im Oktober 1806 befand sich das Hauptquartier des Fürsten Hohenlohe-Ingelfingen auf der Burg. Ein Denkmal auf dem 314 Meter hohen Sperlingsberg erinnert an die Niederlage der Preußen.

Die Burg misst rund 40 Meter im Durchmesser, ist von einer Ringmauer und einem Graben umgeben und bildet eine vortreffliche Kulisse für Mittelalterspiele, Konzerte und Theateraufführungen. Im Wohnturm widmet sich eine ***Ausstellung*** den „Burgen in Thüringen". Eine Besonderheit ist die Kaminküche.

i S. 91

Sommertheater findet im Burghof statt und lustig geht es regelmäßig im ehemaligen Dorfgasthof (Apoldaer Straße 3) zu, wo die ***„Kurz und Kleinkunstbühne"*** aus Jena 2022 ihr neues Domizil bezogen hat.
www.kurz-und-kleinkunst.de

Adressen und Öffnungszeiten

Seite

egapark ***www.egapark-erfurt.de*** 86
Gothaer Straße 38, Tel. (03 61) 5 64 37 37
Öffnungszeiten: März bis Oktober Di bis So 9-18 Uhr, Juli/August auch Mo, November bis Februar 10-16 Uhr

Deutsches Gartenbaumuseum Erfurt ***www.gartenbaumuseum.de*** 87
Cyriaksburg, Gothaer Straße 50, Tel. (03 61) 22 39 90
Öffnungszeiten: Mitte März bis Oktober Di bis So 10-18 Uhr, November bis Mitte März nur für Gruppen

Margaretha-Reichardt-Haus ***www.kunstmuseen.erfurt.de***
Am Kirchberg 32, 99094 Erfurt-Bischleben
Wohn- und Wirkungsstätte der Erfurter Bauhaus-Weberin Margaretha Reichardt (1907-1984).
Außenstelle des Angermuseums, Vorführungen in ihrer Werkstatt und Besichtigung nach telefonischer Anmeldung, Tel. (03 61) 6 55 - 16 57

Thüringer Zoopark Erfurt ***www.zoopark-erfurt.de*** 93
Zum Zoopark 1, Tel. (03 61) 6 55 - 41 51
Öffnungszeiten: März bis Oktober 9-18 Uhr, November bis Februar 9-16 Uhr
Flächenmäßig drittgrößter Zoopark Deutschlands (63 Hektar), beherbergt etwa 1000 Tiere in rund 150 Arten, Zuchtstätte für die bedrohten Breitmaulnashörner.

Burg Gleichen ***www.thueringerschloesser.de*** 88
99869 Drei Gleichen OT Wandersleben
Tel. (03 62 02) 6 55 - 56 80 (Naturkundemuseum Erfurt)
Öffnungszeiten: April bis Oktober täglich 10-18 Uhr
November bis März Burggelände und Burgmuseum geschlossen

Mühlburg 89
99869 Drei Gleichen OT Mühlberg, Tel. (0 36 28) 61 14 34
Öffnungszeiten Burgturm und Museum: März bis Oktober Mo bis Fr 10-17 Uhr, Sa/So/Feiertag 10-18 Uhr, Außengelände kann ganzjährig besichtigt werden
Information in der Kulturscheune, Thomas-Müntzer-Str. 4, Tel. (03 62 56) 22 846

Wachsenburg ***www.wachsenburg.com*** 89
99334 Amt Wachsenburg, Tel. (0 36 28) 74 24-0
Öffnungszeiten Museum: April bis Oktober Mi bis So 10-17 Uhr

Schloss und Park Molsdorf ***www.thueringerschloesser.de*** 89
Schlossplatz 6, 99094 Erfurt OT Molsdorf, Tel. (03 62 02) 9 05 05
Park und Garten ganzjährig frei zugänglich, ***Besichtigung Schlossmuseum*** nur mit Führung Di bis So zur vollen Stunde 10-17 Uhr

Wasserburg Kapellendorf ***www.thueringerschloesser.de*** 90
Am Burgplatz 1, 99510 Kapellendorf, Tel. (03 64 25) 2 24 85
Öffnungszeiten Burghof: Mo bis Fr 8-15 Uhr, Sa/So/Feiertag 11-17 Uhr, ***Museum:*** Di bis So 10-12 und 13-17 Uhr, ***Achtung:*** 2024 wegen Bauarbeiten geschlossen!

Erfurt mit Kindern

Schon von weitem hört man Kinder durch die engen Gassen fröhlich jauchzen: „Schau da! Der Sandmann ..." Geduldig sitzt der Bärtige mit seiner roten Mütze auf einer Parkbank. Hein Blöd und Käpt'n Blaubär schippern auf der Gera und die Kultfigur Bernd das Brot wacht vor dem Rathaus. In Erfurt wird der ***Stadtrundgang*** mit den Kleinen zur Suche nach den Fernsehstars. Zwischendurch bieten Spielplätze Gelegenheit zum Toben und gemütliche, auf Familien eingestellte Cafés die Chance zum Verschnaufen.

An insgesamt zwölf Orten können die *KiKA-Figuren* in der Altstadt aufgespürt werden (siehe ● im Stadtplan). Die Standorte lassen sich zu einem abwechslungsreichen Spaziergang verbinden, der bequem und sicher durch die Fußgängerzonen führt. Doch auf die Straßenbahnen sollte man Acht geben!

Bei Tabaluga neben dem alten Wachhäuschen der Staatskanzlei beginnend, läuft man über den Anger und begibt sich dann die Schlösserstraße hinauf zum Rathaus. Ganz in der Nähe befindet sich die Krämerbrücke, wo eine Schokoladenmanufaktur mit hausgemachtem Eis in selbstgebackenen Waffeln schon längst kein Geheimtipp mehr ist. Am Spielplatz unten an der Gera wartet bereits das KiKAninchen und über die Brücke vis-à-vis der Sandmann. Tipp: Nicht verpassen sollte man den Fledermaus-Automaten an der Brücke, aus dem tagsüber aufgenommene und abends echte Fledermauslaute ertönen.

Der *Spielplatz* hinter der Krämerbrücke eignet sich natürlich für eine Pause bei allen Unternehmungen in der Altstadt, auch bei Museumsbesuch oder Einkaufsbummel. Mit Klettergerüst und Kleinkindschaukel bietet er Spaß für große und kleine Kinder. Unterhalb des Petersbergs befindet sich in der Glockengasse ein liebevoll gestalteter Spielplatz in idyllischer Umgebung mit Klet-

Die Maus und der Elefant am Anger

tergerüst und kleinen Häusern. Wer zur Zitadelle hinaufgeht, den erwartet auf dem Plateau die Fledermaus Fibi und ein Abenteuerspielplatz.

Außerhalb des touristischen Altstadtkerns liegen beispielsweise der Abenteuerspielplatz im Steigerwald und der barrierefreie Spielplatz in der Tettaustraße. Vom Wetter unabhängig lässt es sich im Indoor-„Kinderland" (Am Johannishof 10) nach Herzenslust toben. Vorzugsweise Jugendlichen und Erwachsenen gilt das Angebot im Trampolinpark „MYJUMP" (An der Lache 11).

i S. 84

Erfurts Bühnen bieten an mehreren Spielstätten Aufführungen für Kinder. Das Theater Erfurt begeistert unter anderem mit seinen Kinderkonzerten. Im Theater Waidspeicher hat man sich auf Puppenspiel spezialisiert und das Galli-Theater im Gewölbekeller hat Stücke für junges Publikum im Programm. Junge Nachwuchstalente sind im Theater „Die Schotte" gar die Akteure dank einer engagierten theaterpädagogischen Abteilung.

i S. 64

Mit mehr als 500 Ausstellungsstücken, verteilt auf vier Etagen, erkunden Besucher des *Naturkundemuseums* die Lebensräume Erde, Wald, Feld und Stadt. Imposant gestaltete Dioramen präsentieren die Tierpräparate in nachempfundener natürlicher Umgebung. Und die Verbindungstreppe zwischen den Etagen schlängelt sich um eine mächtige 350 Jahre alte Eiche aus dem Erfurter Stadtwald – ein originalgetreues Modell mit 20 000 in Handarbeit angebrachten (!), künstlichen Blättern. Das Highlight für Kinder aber steht

Im Naturkundemuseum

im Keller! Im Gewölbe befindet sich eine Arche mit Tieren aus aller Welt, nicht nur zum Anschauen, sondern begehbar und damit hautnah zu erleben. (Tipp: Das Museum bietet eine Wickelmöglichkeit für Babys.) ★

i S. 91

Weitläufige Erlebniswelten laden im *Erfurter Zoo* zu ausgiebigen Spaziergängen ein, auf denen die rund 157 verschiedenen Arten gesucht und bestaunt werden können. Und dass sogar Gehege wie die Dam- und Sikawildanlage begehbar sind, verstärkt das Tiererlebnis immens! Darüberhinaus gibt es mehrere Spielplätze, auch einen Wasserspielplatz (Matschsachen einpacken!).

i S. 91

Auf dem Gelände der Gartenbauausstellung begeistern nicht nur farbenprächtige Blumen. Im *ega-Park* können Kinder ***Thüringens größten Kinderspielplatz*** mit großem Wasserbereich (Gummistiefel nicht vergessen!) erobern und dabei ihrer Fantasie freien Lauf lassen. Auf dem ***Schaubauernhof*** wohnen Haus- und Hoftierrassen und die ***Erlebnisausstellung*** vermittelt interaktiv Wissen rund um die Themen Mensch und Natur.

Die Winde 45; 38855 Wernigerode, Tel. (0 39 43) 2 32 46
Internet: www.schmidt-buch-verlag.de, E-mail: info@schmidt-buch-verlag.de
9., aktualisierte Auflage August 2024, 41. - 45. Tsd.
Layout und Bildbearbeitung: Schmidt-Buch-Verlag, Wernigerode
Druck und Verarbeitung: Grafisches Centrum Cuno GmbH & Co. KG

Es fotografierte Thorsten Schmidt
S. 78: Michael Voigt; Eigner: Kaisersaal Erfurt (www.kaisersaal.de)
S. 55 oben: Papenfuss, Atelier für Gestaltung

Textliche Aktualisierungen: Thorsten Schmidt
Text Erfurt mit Kindern (S. 92/93): Maximilian Schmidt
Lektorat: Marion Schmidt

Titelbild: Blick aus der Altstadt zum Dom St. Marien

Bibliografische Information Der Deutschen Nationalbibliothek
Die Deutsche Nationalbibliothek verzeichnet diese Publikation in der Deutschen Nationalbibliografie; detaillierte bibliografische Daten sind im Internet über http://dnb.ddb.de abrufbar.

ISBN 978-3-945974-36-0

Druckprodukt mit finanziellem
Klimabeitrag
ClimatePartner.com/13493-2401-1022

Dieses Buch haben wir nach international anerkannten Standards klimaschonend produziert. Für den Ausgleich nicht vermeidbarer Treibhausgasemissionen unterstützen wir zertifizierte Klimaschutzprojekte und Baumpflanzungen in Deutschland.

Straßenverzeichnis

Allerheiligenstraße .... C 2
Am Hügel .... C 1
An den Graden .... B 3
Andreasstraße .... A/B 1/2
Anger .... D/E 2/3
Augustinerstraße .... C 1
Augustmauer .... D 4
Bahnhofstraße .... D/E 3/4
Barfüßerstraße .... C 3
Benediktsplatz .... C 2
Blumenstraße .... A 1
Borngasse .... D 3
Brühler Straße .... A 4
Comthurgasse .... C 1
Domplatz .... B 2/3
Domstraße .... B 3
Eichenstraße .... C 4
Fischersand .... B/C 3/4
Fischmarkt .... C 2
Fleischgasse .... E 2
Futterstraße .... D 2
Georgsgasse .... B 1/2
Glockengasse .... A/B 1
Gotthardtstraße .... D 1/2
Grafengasse .... C/D 3
Große Ackerhofsgasse .... A/B 1
Große Arche .... B/C 2/3
Herrmannsplatz .... B 4
Hirschlachufer .... C/D 3/4
Holzheienstraße .... A/B 4
Horngasse .... C 2
Hospitalplatz .... E 1
Johannesmauer .... D/E 1/2
Johannesstraße .... D 1/2
Junkersand .... C/D 2/3
Juri-Gagarin-Ring .... B-E 1-4
Kaufmännerstraße .... D 2
Keilhauergasse .... D 3/4
Kettenstraße .... B 3
Kirchgasse .... C 1
Kleine Arche .... C 3
Klostergang .... B 4
Kreuzsand .... C 2
Krämerbrücke .... C/D 2
Krämpferstraße .... D/E 1/2
Krämpfertor .... E 2
Krämpferufer .... D/E 1
Lachsgasse .... D 3/4
Lange Brücke .... C 3
Lauentor .... A 3
Lilienstraße .... B 4
Lutherstraße .... B 4
Mainzerhofstraße .... A 3
Malzgasse .... C 3/4
Marbacher Gasse .... B 1/2
Marktstraße .... B/C 2
Marstallstraße .... C 3/4
Martinsgasse .... A 4
Maximilian-Welsch-Str. .... A 3
Meienbergstraße .... D 2
Meister-Eckehart-Str. .... C 3/4
Melanchthonstraße .... A/B 4
Mettengasse .... B 3
Meyfartstraße .... E 2
Michaelisstraße .... B/C 1/2
Moritzstraße .... B 1
Mühlgasse .... D 3/4
Neuwerkstraße .... B/C 4
Paulstraße .... C 3
Pergamentergasse .... B/C 2
Petersberg .... A 1/2
Peterstraße .... A/B 3
Petrinistraße .... A 3
Pilse .... D 2/3
Predigerstraße .... C 3
Rathausbrücke .... C/D 2
Rathausgasse .... C 2
Regierungsstraße .... B/C 4
Reglermauer .... D/E 3
Rumpelgasse .... C 3
Schlösserstraße .... C/D 3
Schmidtstedter Straße .... E 4
Schottengasse .... D 2
Schottenstraße .... D 1/2
Seengässlein .... D 2/3
Severihof .... B 3
Stauffenbergallee .... E 1
Stiftsgasse .... B 3/4
Theaterplatz .... A 3
Theaterstraße .... B 4
Thomasstraße .... D/E 4
Turniergasse .... B/C 2
Venedig .... B 1
Waagegasse .... C 2
Waldenstraße .... C 1
Webergasse .... B 2
Weidengasse .... B/C 1
Weitergasse .... D 3
Weiße Gasse .... B 1/2
Wenigemarkt .... D 2
Wilhelm-Külz-Straße .... A/B 4
Willy-Brandt-Platz .... E 4